Möge ein Engel dich behüten

Herausgegeben von
Matthias Micheel

benno

Für Veronika und Constantin (M.M.)

Bibliografische Information der Deutschen Nationalbibliothek
Die Deutsche Nationalbibliothek verzeichnet diese Publikation
in der Deutschen Nationalbibliografie; detaillierte bibliografische
Daten sind im Internet unter http://dnb.d-nb.de abrufbar.

**Besuchen Sie uns im Internet:
www.st-benno.de**

ISBN 978-3-7462-3141-9

© St. Benno-Verlag GmbH
Stammerstr. 11, 04149 Leipzig
Zusammenstellung: Annett Mutke, Leipzig
Umschlaggestaltung: Ulrike Vetter, Leipzig
Umschlagabbildung: © Christel Holl/Beuroner Kunstverlag, Nr. 6496D
Gesamtherstellung: Kontext, Lemsel (A)

Inhaltsverzeichnis

Der Schutzengel — 11

Der Engel in Not — 55

Der Engel des Glaubens — 65

Der Engel des Augenblicks — 71

Der Engel der Geborgenheit — 79

Der Engel des Vertrauens — 89

Ein Engel für dich –
125 Jahre Diaspora-Kinderhilfe — 118

Der Schutzengel:
die Sympathie,
wir brauchen ihn immerzu.
Wir haben ihn als Kind, sonst wären
wir längst überfahren, wir wachsen
damit auf, wir verlassen uns auf ihn –
und dabei ist es nur ein Hauch,
was uns schützt, was uns von dem
Ungeheuerlichen trennt.

Max Frisch

> »*Als Kinder* …, bei Gewitter in einer Kornhocke, haben wir gedacht: Uns sieht einer. Wir werden alle gesehen.«
> Uwe Johnson, Jahrestage

Liebe Leserin, lieber Leser,

was könnte man einem Menschen Schöneres wünschen, als es der Titel dieser Publikation zum Ausdruck bringt? Noch vor einigen Jahren hätte so mancher Zeitgenosse die Beschäftigung mit »himmlischen Boten« und »unsichtbaren Begleitern« allenfalls müde belächelt. Heute indes stellt sich der Sachverhalt völlig anders dar: Engel begegnen auf Schritt und Tritt - und keinesfalls nur im theologisch-kirchlichen Kontext. So überraschten beispielsweise im Bereich der Jugendliteratur Jostein Gaarder, Erwin Grosche, Jutta Richter und andere namhafte Autorinnen und Autoren mit ihren ungewöhnlichen Arbeiten zum Thema — und das auf höchstem Sprach- und Reflexionsniveau. Der Engel-Boom der letzten Jahrzehnte scheint ungebrochen und fordert vermehrt auch Theologie und Religionspädagogik heraus. Die Engelaktion der Diaspora-Kinder- und -Jugendhilfe will vor allem dieses eine verdeutlichen: Jesus liebte und bevorzugte die Kinder.

Gerade die Kleinen und Schwachen sollen wissen, dass sie immer schon von guten Mächten umgeben und wunderbar geborgen sind. Auch dort, wo der elterliche und überhaupt jeder menschenmögliche Schutz nicht mehr gewährleistet werden kann. »Hütet euch davor, einen von diesen Kleinen zu verachten«, sagt Jesus im Matthäusevangelium von den Kindern, »ihre Engel im Himmel sehen stets das Angesicht meines himmlischen Vaters … Er will nicht, dass auch nur einer von diesen Kleinen verloren geht.« Diese biblische Botschaft ist seit 2000 Jahren ein hervorragender Wegweiser, und vor ihrem Hintergrund will sich auch die vorliegende Sammlung verstanden wissen. Mit dem Verkaufserlös des Geschenkbüchleins werden Projekte der Diaspora-Kinder- und -Jugendhilfe unterstützt. Allen prominenten Mitwirkenden der Schutzengelaktion sei daher nicht nur für ihre interessanten und tiefsinnigen Einsichten zum Thema »Mein Schutzengel« herzlich gedankt, sondern auch und zentral für das darin mitgetragene Engagement zu Gunsten benachteiligter Kinder unseres Landes.

Gerade im Rahmen des Engelprojektes wurde und wird es auf solche Weise realisiert, dass Kinder Orte und Zeiten elementar erlebter Geborgenheit finden und den Engel als Symbol der heilenden Gegenwart Gottes erfahren können. Und so tragen die Autorinnen und Autoren dieses Büchleins nicht zuletzt mit dazu bei, dass die Diaspora-Kinder- und -Jugendhilfe im Bonifatiuswerk auch zukünftig, in innovativen Projekten und Initiativen, solche »Kleinen« mit Gottes Hilfe stärkt und »groß macht«. Dafür ein herzliches Vergelt's Gott!

Gewidmet sei das Büchlein allen Engeln, die wir jeden Tag an unserer Seite wissen. Gerade denen mit menschlichem Antlitz.

Paderborn, Ostern 2011

Matthias Micheel
Leiter der Diaspora-Kinder- und -Jugendhilfe
im Bonifatiuswerk der deutschen Katholiken

Der Schutzengel

Denn er befiehlt seinen Engeln,
dich zu behüten auf all deinen Wegen.
Sie tragen dich auf ihren Händen,
damit dein Fuß nicht an einen Stein stößt.

Ps 91,11-12

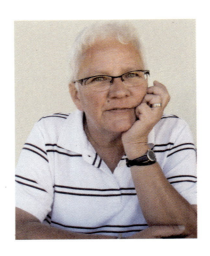

Wie mein Schutzengel aussieht?

Als ich vor einigen Wochen die Kinder hier in der Deutschen Schule in Durban/Südafrika danach fragte, waren sie sich ziemlich einig: Engel sind weiß und haben lange, blonde Haare.
Ehrlich gesagt, mir fällt zuerst etwas ganz Anderes ein. Ich glaube, dass Engel ziemlich mitgenommen und durchaus sehr zerzaust aussehen. Wäre das ein Wunder? Wenn du als Engel so manchen Autofahrer begleitest, da verwuschelt es dir die Federn schon ganz schön! Oder halte mal ein ganzes Flugzeug fest, das in Turbulenzen geraten ist! Und spring dem kleinen Jungen in den Fluss hinterher, in den er hineingefallen ist.

»Weiß« wäre da ja wirklich die unpraktischste Farbe, die man sich denken kann! Überall wären Flecken und Dreck zu sehen!
Ich glaube, »weiß« und »blond«, das ist sozusagen die Feiertagskleidung der Engel – aber im Alltag tragen sie durchaus Latzhose und Sweat-Shirt. Und das eher kunterbunt, blau, grün, rot, gelb. Und ich denke mir, dass Engel einen pfiffigen Kurzhaarschnitt haben – denn wie will man zupacken und arbeiten, wenn einem dauernd die eigenen Haare im Weg sind?
Und warum soll ein Engel eigentlich nicht schwarz sein?
Ich jedenfalls habe hier in Südafrika schon einige schwarze Engel getroffen!

Andrea Schwarz

Schutzengel begegnen mir, wenn ich sie am nötigsten brauche und am wenigsten mit ihnen rechne: beim Fahrradfahren und beim Laufen, zu Hause und auf Reisen. Auch meine Familie ist mir schon oft zum Engel geworden. Dafür bin ich jeden Tag aufs Neue dankbar.

Horst Köhler

Da habe ich aber einen guten Schutzengel gehabt …

Es war in Chemnitz, ich war 19 Jahre alt und kam gerade vom Training. Ich fuhr mit meinem Wagen nach Hause und hinter mir fuhr mein Mannschaftskollege Alexander Tetzner. Nach kurzer Zeit fuhren zwischen mir und Alex zwei weitere Autos. Kurz bevor wir eine rote Ampel an einer großen Kreuzung erreichten, bogen diese zwei Fahrzeuge ab, so dass Alex direkt hinter mir an der Ampel stand. Und das war mein Glück. Denn über den Rückspiegel flachste ich mit ihm. Und war dadurch so abgelenkt, dass ich die Grünphase fast verpasst habe. Alex gab mir einen Hinweis, und ich

wollte gerade losfahren, als ein Jugendlicher mit seinem Fahrzeug, offensichtlich bei Rot, mit viel zu hoher Geschwindigkeit über die Kreuzung raste. Wäre ich normal bei Grün losgefahren, hätte es einen schweren Unfall gegeben!
Ich war ein bisschen schockiert und konnte die Situation kaum fassen. Ohne die Ablenkung durch Alex, die erst dadurch möglich wurde, dass die beiden Autos zwischen uns abgebogen waren, hätte ich vielleicht sogar meine Karriere an dieser Kreuzung beendet. Aber es sollte so nicht sein!

Michael Ballack

Mein Schutzengel hat immer viel zu tun. Da ich im Leben nicht so geschickt bin, wüsste ich manchmal gar nicht, was ich ohne ihn machen soll. Manchmal genügt es mir schon, dass es ihn gibt. Einmal bin ich zum Äpfelpflücken ganz mutig in einen Baum gestiegen, weil ich wusste, da holt mich einer wieder runter. So war es dann auch. »Ich lehne mich ganz gerne an, manchmal an dich und dich, denn jeder, der gut stützen kann, der stützt damit auch sich.«

Erwin Grosche

Als junger Mann hatte ich einen schweren Autounfall und kam in ein Krankenhaus, wo mir der Arzt erklärte, er müsse sofort mein Bein amputieren. Ich konnte diese Entscheidung doch nicht einfach so hinnehmen! Ich rief meine Freundin Irène an. »Sag nein! Ich komme sofort!« Gott sei Dank! Wenn es wirklich einen Schutzengel gibt, schlug er für mich die Alarmglocke und lehrte mich, vorsichtiger zu sein. Irène nahm alles in die Hand und sorgte dafür, dass ich in ein besseres Krankenhaus kam. Auf dem Weg dorthin gab es einen weiteren Zwischenfall: Auf verschneiter Straße kam der Krankenwagen von der Straße ab und drohte einen Abhang hinunterzustürzen. Ich habe nie erfahren, wie es gelang, uns aus dieser brenzligen Situation zu befreien. Ich konnte meinem Schutzengel noch einmal danken. Ich habe oft darüber nachgedacht, was für ein Schicksal ich wohl gehabt hätte, wenn mir das Bein amputiert worden wäre. Was wäre aus mir geworden? Sicher kein Schauspieler.

Pierre Brice

Was für ein wundervolles Gefühl, zu wissen, dass wir nicht alleine sind. Freunde, Familie, manchmal sind es sogar fremde Menschen, die uns helfen oder beschützen. Ob in ihnen dann ein Engel steckt? Ich werde das nicht herausfinden. Fest steht aber, es gibt Schutzengel. Ich glaube fest an sie! Oft spürt man ja erst hinterher, dass da jemand war … Für mich Anlass, im Alltag auch mal für fremde Menschen da zu sein. Ob schützend oder einfach nur mit einem Lächeln, es hilft uns allen …

Marc Bator

Vor einigen Jahren bin ich in einer recht einsamen Gegend mit dem Fahrrad verunglückt. Ich hatte mich sehr schwer am Bein verletzt, so dass ich mich nicht mehr fortbewegen konnte. Weit und breit war keine Hilfe in Sicht, so dass ich schon Angst bekam, an Ort und Stelle zu verbluten. Plötzlich kam ein Krankenwagen mit Blaulicht angerast und rettete mich. Es war nie zu klären, wer diesen Krankenwagen gerufen hat, so dass ich nur sagen kann: Ich habe einen sehr guten Schutzengel gehabt

Ben Blümel (BEN)

Ein Schutzengel

Therese Ngabula Badibanga – ihr Name war so kompliziert wie die politische Situation in ihrer Heimat, der Demokratischen Republik Kongo.
Von dort war sie geflohen, Hals über Kopf, mit nichts außer dem, was sie am Leibe trug.
Fast ihre gesamte Familie wurde ermordet, ihre Heimat verwüstet.
Und nun lag sie in ihrem Krankenbett vor mir und strahlte mich an.
Dass der Gottesdienst in unserer Krankenhauskapelle sie an die Liturgien zuhause in Kinshasa erinnerte, erzählt sie und davon, wie gern sie dort als Katechetin gearbeitet hatte.
Dass sie daraus lebte und ihre Verantwortung ernst nahm und dass an ihr eine Gemeindeleiterin verloren gegangen war, all das durfte ich erfahren.
Ganz präsent war dann ihre Pfarrei, von der sie erzählte: die Kinder beim Malen und Spielen, die Familien tanzend und singend in der einfachen Kirche; und all das oftmals angesichts einer großen Not.

Vor einigen Jahren arbeitete ich als Krankenhausseelsorger in einer Klinik, in deren Einzugsbereich eine große Asylbewerberunterkunft lag. Fast wöchentlich kamen Patientinnen und Patienten aus der ganzen Welt, vor allem aus dem so geschundenen Nachbarkontinent Afrika.

Und immer wieder war ich der Beschenkte, oftmals der Beschämte:
Durch die Begegnung mit Frauen und Männern aus dem Kongo, Tschad oder Burkina Faso, die oftmals fast alles verloren hatten, die dazu noch Narben trugen an Leib und Seele, mit kaum jemandem sich verständigen konnten, aber eine Hoffnung im Gesicht trugen, die alles überstrahlte.
Oft kam mir der biblische Abraham in den Sinn, für den die Weisheit gilt:

Gerade weil er nicht wusste,
wohin sein Weg führte,
wusste er, dass Gott es ist,
der ihn führt.

Diese Erkenntnis führte mich aus einer oft selbst gemachten Enge und Angst um mich selbst, gab mir neues Vertrauen und größeren Mut.

Diese Engel!
Sie stellen das Selbstverständliche in Frage, Ordnungen auf den Kopf und drängen in neue Perspektiven:
Aus dem professionellen Seelsorger wurde der schlichte Gläubige, aus dem wissenden Theologen der neugierige Schüler, aus dem aufgeklärten Europäer ein zu Bekehrender.

Rainer Hagencord

Ein guter Beschützer

Ich erinnere mich an eine Autofahrt als damaliger Assistent von Karl Rahner nach Rom. Es war der 14. August, ein Tag vor dem berühmt-berüchtigten »ferragosto«, dem großen Feier- und Ausflugstag der Italiener mit vielen Staus und Unfällen auf den Autobahnen. Karl Rahner musste dringend aus seinem Urlaubsort Rijeka an der jugoslawischen Adriaküste nach Rom zu seinem Chef, dem Jesuitengeneral. Statt aber von Venedig aus zu fliegen, hatte er es sich in den Kopf gesetzt, mit dem Auto nach Rom und am nächsten Tag wieder zurückzufahren, insgesamt 3000 Kilometer. Jeder Widerspruch war erfolglos. So hatte ich abwechselnd mit Roman Bleistein, einem weiteren Assistenten, unausgeschlafen bis tief in die Nacht und tagsüber bei glühender Hitze hinter dem Steuer verbracht. Bei dieser »Höllenfahrt« hatte ich sicher einen guten Beschützer.

Karl Kardinal Lehmann

Der Schutzengel

Nach einem Vortrag über Engel kam ein 10-jähriges Mädchen auf mich zu und fragte mich: »Glauben Sie wirklich, dass mein Engel mich nicht verlässt?« Ich antwortete: »Ja, das glaube ich.« »Ja, aber auch dann, wenn ich böse bin …«, bohrte es weiter. »Auch wenn du böse bist«, gab ich zur Antwort. »Auch wenn ich immer wieder böse bin?« »Ja, auch wenn du immer wieder böse bist.« Da fragte es ganz ernst: »Woher wissen Sie das?« Ich sagte: »Das steht so in der Bibel.« Da ging das Mädchen getröstet weg. Es war ihm ganz ernst um diese Fragen. Die Begegnung mit diesem Mädchen beschäftigte mich noch lange auf der Heimfahrt.

Warum war es für dieses Mädchen so wichtig, dass sein Engel es nicht verlässt? Vermutlich hat es daheim oft andere Botschaften gehört: »Du bist unmöglich. Mit dir kann es keiner aushalten. Du bist eine Zumutung.« Da war es für das Mädchen wichtig zu hören, dass sein Engel es aushält, dass sein Engel sich nicht von ihm abwendet, sondern Geduld mit ihm hat.

Jeder Mensch hat einen Engel

Im Matthäusevangelium sagt uns Jesus, dass die »Engel der Kleinen« im Himmel stets das Angesicht des himmlischen Vaters sehen (Mt 18,10). Von diesem Wort Jesu her haben die Kirchenväter die Lehre vom Schutzengel entfaltet. Jeder Mensch bekommt mit seiner Geburt einen Engel zur Seite, der ihn begleitet bis zum Tod und ihn auch über die Schwelle des Todes in Gott hinein trägt. Für Kinder ist diese Vorstellung vom Schutzengel lebensnotwendig. Sie vermittelt ihnen, dass sie nie und nirgends allein gelassen sind, sondern geschützt, geliebt, begleitet und verstanden werden.

Aber wir dürfen die Vorstellung vom Schutzengel nicht zu naiv sehen, sonst würde uns jeder Unfall, jede Krankheit und jedes Sterben eines Kindes den Glauben an den Schutzengel zerstören. Der Schutzengel schützt uns nicht vor Unfall, vor Krankheit und vor dem Tod, aber ganz gewiss in der Krankheit und im Sterben. Unser innerster Kern bleibt geschützt.
Die Theologie sagt, dass Engel geschaffene geistige Wesen und personale Mächte sind. Das klingt sehr

abstrakt. Aber geschaffene Wesen sind erfahrbar. Engel sind erfahrbar.

Ein Mensch kann für uns zum Engel werden, wenn er uns im richtigen Augenblick beisteht. Ein innerer Impuls kann vom Engel kommen, der uns anregt, gerade auf diesen Menschen zuzugehen und ihn anzusprechen. Im Traum kann uns ein Engel erscheinen und eine Botschaft vermitteln. Engel können auch Lichterscheinungen sein. Und es gibt Menschen, die den Engel sehen können. Engel sind keine Personen, so wie Menschen es sind. Aber Engel schützen unsere Personwerdung. Das kleine Mädchen, das sich vom Schutzengel begleitet wusste – auch wenn es »böse« war –, zerfiel nicht in innere Zerrissenheit, in Selbstentwertung und Selbstverachtung. Der Engel half ihm, zu sich zu stehen und seine Person zu entwickeln.

Engel verhelfen zu einem positiven Selbstbild

Manche wollen genau wissen, wie Engel aussehen. Doch über Engel kann man nur schwebend sprechen, sonst fliegen sie weg. Wenn ich zu genau wissen will, wo mein Engel jetzt ist und wie er sich von anderen Engeln unterscheidet, dann entzieht er sich mir. Nicht umsonst haben die Künstler den Engeln Flügeln gegeben. Engel sind unverfügbar – wie Gott. Und Engel sind leicht. Sie bringen die Leichtigkeit des Seins in unser Leben.

Sie öffnen den Himmel über unserem Leben.

Die Engelgeschichten der Bibel zeigen uns, dass Gott in jede Situation unseres Lebens seinen Engel sendet: in die Ohnmacht und Angst am Ölberg, in die Verlassenheit von Hagar und Ismael in der Wüste, in den Feuerofen und in die Löwengrube, in der wir uns in den alltäglichen Konflikten oft vorfinden. Engel zeigen, dass Gott sich um uns kümmert, dass er einen Boten zu uns schickt, den wir erfahren dürfen.
Und Engel verhelfen uns zu einem positiven Selbstbild. Auch wenn wir nicht perfekt sind, dürfen wir oft genug für einen anderen zum Engel werden. Ich kann mir nicht vornehmen, für den andern ein Engel zu sein. Der Engel wird mich durch einen leisen Impuls an-

stoßen, den andern anzusprechen, ihm beizustehen. Wenn ich diesem leisen Impuls folge, dann werde ich zum Engel für den andern. Ich kann mir dann aber nicht auf die Schulter klopfen und stolz darauf sein, dass ich ein Engel bin. Denn ich weiß, dass ich vom Wesen her kein Engel bin, sondern ein Mensch, durchschnittlich, egoistisch, fehlerhaft. Trotzdem sendet Gott auch mich zu einem andern, damit ich in diesem Augenblick für ihn zum Engel werde. Dann erfüllt mich eine tiefe Dankbarkeit.

Und ich spüre, dass der Engel dann auch mein Leben hell und leicht werden lässt.

Anselm Grün

Engel sind besondere Zeichen der Nähe Gottes. Im jüdisch-christlichen Zusammenhang treten sie als Heiler, Beschützer, Retter und Verkünder auf. Dabei ist es allerdings immer die Liebe Gottes selbst, die uns im Engel begleitet und anblickt. Denn Jesus hat den Menschen das Leben in Fülle verheißen: ein Leben in der Gewissheit, dass wir für immer in Gott und bei Gott geborgen sind.

Bischof Franz-Josef Bode

Es gab bei mir schon etliche gefährliche Situationen, Beinahe-Zusammenstöße auf der Autobahn zum Beispiel oder einen von einem Dach herabstürzenden Ziegel, der mich um Zentimeter verfehlte. Da habe ich zu meiner Frau oder meinen Kindern nur aufatmend gesagt: »Wie gut, dass ich einen so aufmerksamen Schutzengel habe!«

Paul Maar

Als ich einmal während einer Theatertournee mit dem Auto unterwegs war, geriet ich mit meinem Wagen in einen Verkehrsunfall. Vor mir war ein Fahrzeug verunglückt, eine Frau überquerte gerade die Straße. Ich musste scharf bremsen und entging nur knapp dem Zusammenstoß und der Gefahr, von den nachkommenden Lastwagen zerquetscht zu werden. Als ich danach einen Halt machte, um mich von dem Schock zu erholen, stand ich zufällig vor einem alten Kloster, das eine Figur des heiligen Paulus zierte. Seitdem ist mir der Apostel besonders heilig.
In dieser Situation habe ich mir gesagt: Da hast du aber einen guten Schutzengel gehabt! Überhaupt würde ich mich als einen gläubigen Menschen bezeichnen. Ich lebe sehr bewusst und bin dankbar für alles, was mir in meinem Leben bisher geschenkt worden ist.

Hardy Krüger jr.

Entweder muss mein Schutzengel immer Überstunden gemacht haben – von 40-Stunden-Woche keine Rede – oder ich habe sogar mehrere davon, wer weiß? Schon als Kind bin ich einmal fast im Moor ertrunken, im Eis auf einem See eingebrochen, als 16-jähriger mit der Ebbe in die Nordsee hinausgezogen worden, zweimal beinahe mit einem Hubschrauber abgestürzt. Dann Blinddarmdurchbruch! Fahnenstange auf den Kopf bekommen! Von Beinahe-Unfällen gar nicht zu reden. Dreimal nicht ertrunken, all das überlebt. Ich weiß nicht, ob das ein Schutzengel alleine schaffen konnte.

Armin Maiwald

Da habe ich aber einen guten Schutzengel gehabt

Jetzt bist du ja gleich im Himmel …
Nach einer Operation im Krankenhaus kam ich in eine kritische Situation. Es gab Komplikationen und man musste mich auf die Intensivstation bringen.
Um mich vor dem Tode zu bewahren, versetzte man mich in ein künstliches Koma: Man gab mir Medikamente, damit ich die Schmerzen nicht mehr spüre und ich im Tiefschlaf bin.

In diesen elf Tagen des künstlichen Tiefschlafes machte ich folgende Erfahrung:

Ich sitze vor einer Radwalze.

Sie bewegt sich zu mir hin und ich versuche dagegenzudrehen. Offensichtlich war dies mein Versuch, gegen den Tod anzudrehen.

Ich fühlte mich verschwitzt, total erschöpft, konnte nicht mehr. Mein Körper war am Ende.

Nach einiger Zeit kam aber ein intensives Glücksgefühl auf. Eine Stimme sagte zu mir: »Jetzt ist es soweit. Jetzt bist du gleich im Himmel. Daraufhin hast du doch so oft hingepredigt.«

Ich war ganz erregt und neugierig, dass ich jetzt gleich Gott sehen werde. Gott wollte ich ja immer schon mal so richtig »sehen«.

Immer glücklicher wurde ich und meine Neugierde stieg. Und ich war in großer Erwartung, wie es jetzt gleich sein wird, wenn ich im Himmel bin.

Dieser Zustand ging so einige Zeit.

Dann sagte die Stimme: »Schade um deine Frau.«

Dann kam große Trauer auf. Die Gefühle veränderten sich ganz rasch. Und dann war diese Nahtoderfahrung zu Ende.

Ich war also mitten im Prozess des Sterbens und habe es erlebt, wie es ist, wenn wir in die Nähe des Todes kommen. Es ist ein Aufbruch, Neugierde auf den Himmel, Neugierde, Gott direkt zu sehen.

Und es ist ein Abbruch, ein Abbruch der Beziehungen zu den geliebten Menschen hier.

Und dies hat dann diese Trauer in mir ausgelöst.

Da habe ich noch einmal einen Schutzengel gehabt. Die Stimme hat mir gesagt, dass ich hier auf dieser Welt

noch gebraucht werde. Dies hat meine wenigen noch vorhandenen Kräfte so stark mobilisiert, dass ich noch einmal zurückkommen konnte.

Und ich weiß auch nicht, ob diese Stimme, die ich gehört habe, die Stimme eines Engels war. Aber es war eine sehr angenehme und tröstliche Stimme, die mir ganz nahe war und wohlwollend in dieser kritischen Situation.

Aber: Ich bin ein Anderer geworden. Heute bin ich gesünder als vor dieser Operation. Immer wieder höre ich aber seither diese innere Stimme: »Jetzt ist es soweit.« Und ich frage mich oft: Kann das, was ich heute tue, standhalten angesichts dieser Erfahrung, die ich vor ungefähr einem Jahr im Krankenhaus auf der Intensivstation gemacht habe.

Seither habe ich keine Angst mehr vor dem Sterben. Ich war schon mittendrin im Sterben und schon am Beginn des Aufbruchs hin zu Gott im Himmel.

Viele Menschen, die eine Nahtoderfahrung gemacht haben, berichten, dass sie durch einen langen Tunnel gegangen sind und sie am Ende des Tunnels ein wärmendes strahlendes Licht gesehen haben. Einige haben Engel gesehen, die ihnen entgegen kamen.

Eine 80 Jahre alte Frau hat dies kürzlich so erlebt; sie berichtete mir, dass diese Engelwesen leuchtend schön gekleidet waren und sich gefreut haben, sie zu Gott begleiten zu dürfen.

Ich habe für mich daraus gelernt, dass wir Menschen eines Tages unseren Körper verlassen, wenn er nicht mehr funktionieren kann. Eine schwere Krankheit, Alterungsprozesse oder ein Unfall können der Auslöser sein. Aber: Ich bin mehr als mein Körper und kann mich Gott anvertrauen, mich dem Weiterleben in der Beziehung mit ihm überlassen. Wenn wir von »Himmel« sprechen, dann meinen wir die intensive Nähe zu Gott über den Tod hinaus.

Albert Biesinger

Segen des Engels

Der Engel des Herrn
sei neben dir,
dich sanft zu umarmen,
dir Schutz zu geben
für alle Zeit.
Der Engel des Herrn
sei unter dir,
dich aufzufangen,
wenn du zu fallen drohst,
dich zu befreien aus der Schlinge.
Der Engel des Herrn
sei über dir,
um dich zu segnen.

Irischer Segenswunsch

Vom rettenden Engel, Engelssturz und Engelland

Spuren der Engel in unserer Sprache

Von jemandem, der im Begriff steht, eine Torheit zu begehen, sagt man: »Das hat dir dein guter Engel eingegeben«, wenn er sich im letzten Augenblick eines Besseren besinnt. Die Redensart geht auf die alte christliche Vorstellung von der Aufgabe der Engel zurück, die Menschen zu behüten. Im Alten Testament sagt Tobias von seinem Sohn: »Ich glaube, dass ein guter Engel Gottes ihn geleitet« (Tob 5, 29). Von Johannes Agricola wird 1529 in seinen »Sprichwörtern« die Redensart »Du hast eynen gutten Engel gehabt« erklärt: »Wer nun in eynem vnglück vnd schwinden vnfall gewesen ist, vnd yhm wirt geholffen, da alle menschen verzagten, von dem sagt man, der hat eynen gutten Engel gehabt, der yhm geholffen hat.« Eine ähnliche Deutung findet sich in der »Zimmerischen Chronik«: »Es geschieht etwas wunderbarlich, das die kinder in ihrer jugendt von ihren engeln und hüetern bewart werden.«

Sprache ist das »Gefängnis« unserer Ideen und Empfindungen. In ihr erhält sich, wenn sie denn niedergeschrieben und so zur Literatur und Schrift geworden ist, Gedankengut, mit dem wir Phänomene beschreiben, die sich von Gegend zu Gegend und von Zeitalter zu Zeitalter wandeln. Das Engelfest am 29. September ist eine Gelegenheit, dies am Beispiel der Engel bewusst zu machen: Der Verstorbene geht nach christlichem Volksglauben zu den Engeln ein, daher sagt man schwäbisch beim Tod eines Kindes: Es spielt mit den Englein; ist jemand eines sanften Todes gestorben, so hört man: Den haben die Engel in den Schlaf gesungen. Der Redensart »Die lieben Engelchen singen (pfeifen) hören« liegt die Vorstellung von einem Orchester der Engel zugrunde, das man musizieren hört, wenn sich einem der Himmel auftut. Die »Engelsmusik«, gerne in die Darstellung der Geburt Christi einbezogen, steht in Verbindung mit der antiken Vorstellung von der Sphärenharmonie. Die Engel hören aber nur die selig Verstorbenen singen. So singt der Archipoeta, der Lyriker der Stauferzeit: »Dem Wirtshaus will ich treu bleiben, bis dereinst die Engel nahn, bis mein Ohr vernommen ihren heil'gen Sterbegruß: ›Ew'ge Ruh den Frommen!‹« Heute wird diese Redensart nicht mehr im ursprünglich gemeinten Sinn verstanden, sondern drückt bildhaft Schmerzempfindung aus. Wenn »he hett all de Engeln singen hört« (schleswig-holsteinisch), ist er mit knapper Not dem Tode entronnen.

»Ein Engel geht durchs Zimmer«, »ein Engel fliegt durch die Stube (sitzt auf der Gardinenstange)« heißt es, wenn in der lebhaften Unterhaltung einer Gesellschaft zufällig und plötzlich eine allgemeine Stille eintritt, so wie beim Erscheinen eines Engels alles betroffen schweigen würde. Diese Redensart ist alt. Sie ist außer in Deutschland auch in der Schweiz, in Frankreich, England, Schweden, Lettland und Estland nachweisbar. Forscher vermuten, dass die Redensart auf antiken Gottesvorstellungen beruht. Sie könnte auf Hermes zurückgeführt werden. Hermes war der Götterbote, dem die Zungen der Opfertiere verfielen und von dem man glaubte, er habe dem neu geschaffenen Menschen die Zunge gegeben. Wenn er zu einer Opferzeremonie kam, mussten alle völlig schweigen. Andere Forscher nehmen an, das allgemeine Schweigen anlässlich des durch das Zimmer fliegenden Engels gehe auf jüdische Riten der Passahnacht zurück. Hier wurden zu einem bestimmten Zeitpunkt alle Gläser mit süßem Rotwein gefüllt. Vom größten Pokal sollte Gottes Engel kosten, der in jener Nacht alle Häuser der Juden besuchte. Man löschte alles Licht, und in Gebet und Stille wartete man, bis der Engel da gewesen war.

Die Redensart hat auch in die klassische Literatur

Eingang gefunden. Mörike schreibt in seinem Roman »Maler Nolten«: »Ists nicht ein artig Sprichwort, wenn man bei der eingetretenen Pause eines lange gemütlich fortgesetzten Gespräches zu sagen pflegt: es geht ein Engel durch die Stube!« K. L. Immermann wendet in seinem Münchhausen-Roman die Redensart ironisch an: »Der Mythus sagt, in solchen Zeiten fliege ein Engel durch das Zimmer, aber nach der Länge derartiger Pausen zu urteilen, müssen zuweilen auch Engel diese Flugübungen anstellen, deren Gefieder aus der Übung gekommen ist.«

Gerne werden die guten Eigenschaften eines Menschen, die ihn liebenswürdig machen und in denen er das christliche Liebesgebot besonders klar lebt, mit denen der Engel verglichen: Die Geliebte ist »schön wie ein Engel« oder jemand erscheint »als rettender Engel«. Wenn aber die Rede davon ist, jemand sei »ein gefallener Engel«, ist gemeint, dass er seine Unschuld verloren hat. Diese Rede steht im Zusammenhang mit dem biblischen Buch der Offenbarung (12, 7-9), wo es heißt: »Da entbrannte im Himmel ein Kampf; Michael und seine Engel erhoben sich, um mit dem Drachen zu kämpfen. Der Drache und seine Engel kämpften, aber sie konnten sich nicht halten, und sie verloren ihren Platz im Himmel. Er wurde gestürzt, der große Drache, die alte Schlange, die Teufel oder Satan heißt und die ganze Welt verführt; der Drache wurde auf die Erde gestürzt, und mit ihm wurden seine Engel hinabgeworfen.« Der »Engelssturz«, auch Himmels- oder Höllensturz, ist in phantasievollen Gemälden dargestellt worden.

Die Bezeichnung »blauer Engel« für ein betrunkenes

Mädchen geht auf den Film »Der blaue Engel« zurück, einen der ersten deutschen Tonfilme, unter dem 1929 Heinrich Manns Roman »Professor Unrat« verfilmt wurde. »Gelbe Engel« werden gerne die Pannendienstler des ADAC genannt.

Als »Engelmacher(-in)« wird die- oder derjenige bezeichnet, die/der insgeheim Abtreibungen vornimmt. »Engel« oder »Engelchen« nannte man die ungetauft verstorbenen Kinder, von denen man annimmt, sie seien auch ursächlich für die zahlreichen Engeldarstellungen in Barock und Rokoko. Von einem, der ein schlechtes Leben führt, sagt man: »Er will den Engeln ersparen, ihn in Abrahams Schoss zu tragen.« »Du bist ein Engel mit 'nem B davor« heißt man einen Bengel. »Mit den Engeln lachen« meint, ohne Grund oder Gegenstand zu lachen. »Sein Engel ist ein Bettler« sagt man von jemand, der nur in Betteleien Glück hat; entsprechend heißt es: »Sein Engel ist kein Bettler«, wenn er vom Glück begünstigt wird. Der Spruch »Wenn Engel reisen …, lacht (weint) der Himmel (Freudentränen)« bezieht sich auf gutes und auf schlechtes Reisewetter. Die Redensart hat meist nur den Zweck, bei An- oder Abreise die Situation aufzulockern. Der Spruch ist so bekannt, dass oft der Nachsatz gar nicht mehr ausgesprochen wird, weil die Andeutung allein schon genügt, um Verständnis zu wecken. Eine »Engelsgeduld« zeigt ein besonders seltenes Maß Geduld. Vom »Engelland« ist die Rede, wenn auf das Elfenland, Traumland oder Feenland verwiesen werden soll.

Manfred Becker-Huberti

Da habe ich aber einen guten Schutzengel gehabt … als die Bomben rechts und links von mir auf die Straße krachten, die ich überqueren musste, um unter das schützende Dach des Opel-Hauptportals zu kommen.

Norbert Blüm

Die ganze Welt ist mein Arbeitsplatz. Alle Hautfarben wechseln fast täglich, alle Religionen auch, alle Sprachen, Gebräuche und Sitten ebenfalls. Mein Schutzengel aber bleibt immer der Gleiche – solange ich auf ihn vertraue und ihm traue.

Mein Schutzengel ermahnt mich, mit offenen Augen zu sehen. Die großen Unterschiede zwischen Arm und Reich, besonders der Kinder dieser Welt. Mein Schutzengel macht mich unruhig, wenn ich mich nicht für die Lösung dieser Probleme engagiere.

Klaus Töpfer

»*Ich habe in meinem Leben* immer mindestens zwei Schutzengel gehabt«, sagte mein Gegenüber, ein Kriegsveteran. Auf meine Bitte nach einem Beispiel erzählte er folgende Geschichte aus dem Schützengraben. Er wurde abbeordert, sofort seine Stellung zu verlassen, um ein anderes Ziel anzugehen. Wenige Minuten später schlug eine Granate ein und tötete seine beiden Kameraden. Ich war sehr berührt und konnte ihm sagen, auch in meinem Leben fühlte ich mich behütet und beschützt von unsichtbaren Kräften. Aber auch Freunde sind zu Schutzengeln für mich geworden.

Lea Ackermann

Mächtig sind die Toten,
die an unseren Herzen ruhn.
Sind wie Flügel an den schweren Schuh'n.
Es gibt Menschen, die an einen Zufall oder ein Wunder glauben, wenn sie aus schwieriger Situation gerettet wurden. Ich bin fest davon überzeugt, dass ich einen Schutzengel habe, und ich glaube fast … der ist meine Mutter. Als sie noch lebte, hat sie mich stets behütet. Warum sollte sie es nach ihrem Tode nicht mehr tun?

Rosemarie Fendel

Mein unsichtbarer Schutzengel ist toll wirksam! Er hat mich vor kurzem bei einem Sturz vor Schlimmstem bewahrt, und er legt seine leise Hand manchmal auf meine redselige Zunge. Nicht selten schlüpft er in die Gestalt meiner jüngeren Schwester, die evangelische Pfarrerin und besonders liebevoll ist.

Hanna-Renate Laurien

*» Da habe ich aber einen guten
Schutzengel gehabt …«*

Eigentlich will und kann ich mich gar nicht auf einen einzigen Schutzengel festlegen. Denn ich fühle mich jeden Tag begleitet und beschützt und von Engeln umgeben. Das können ganz konkrete Menschen sein – zuerst natürlich die, mit denen ich mein Leben teile; dann aber auch fremde, wenn sie mir etwa ein Lächeln schenken, das mich ganz beschwingt durch den Tag begleitet. Oder auch die unsichtbaren Engel, von denen ich mich immer umgeben fühle. Im »Abendsegen« aus der Oper »Hänsel und Gretel« von Engelbert Humperdinck wird das wunderschön ausgedrückt, und ich kann das nur bestätigen: »Abends will ich schlafen gehn, vierzehn Engel um mich stehn: zwei zu meinen Häupten, zwei zu meinen Füßen, zwei zu meiner Rechten, zwei zu meiner Linken, zwei, die mich decken, zwei, die mich wecken, zwei, die mich weisen zu Himmelparadeisen.« Daran glaube ich und darauf vertraue ich: Dass ich heute und auch in Zukunft begleitet und behütet werde von Gottes großer Engelschar!

Katrin Göring-Eckardt

Omas Schutzengel

Franziska weiß, dass Oma einen Schutzengel hat. Jedenfalls spricht Oma oft von ihm. Wenn sie stolpert, aber sich noch schnell irgendwo festhalten kann, seufzt sie: »Jetzt hab' ich meinem Schutzengel Arbeit gegeben …« Kürzlich hat sie ihren Geldbeutel in der Telefonzelle vergessen. Als sie es merkte, rannte sie zurück – und er lag noch da. Da hat sie auch wieder von ihrem Schutzengel gesprochen. Einmal ging sie auf dem Bürgersteig entlang, und hinter ihr fiel plötzlich ein Ziegel vom Dach und knallte auf das Pflaster. Sie wurde ganz blass und bedankte sich bei ihrem Schutzengel. Aber gesehen hat Franziska Omas Schutzengel noch nie. Weil er unsichtbar ist. Manchmal geht Franziska mit Oma über einen Flohmarkt.

Das ist eines von Omas Hobbys: Flohmärkte angucken. »Da begegne ich meiner Kindheit«, sagt sie.

Franziska findet das auch spannend: gezeigt zu bekommen, mit welchen Dingen Oma in ihrer Kinderzeit zu tun hatte.

Zum Beispiel eine Milchkanne aus Blech. Oder eine Kaffeemühle. Oder eine Sichel.

Auch heute schlendert Franziska mit Oma über den Flohmarkt. Oma bleibt vor einem großen, dunklen Bild in einem Goldrahmen stehen. Sie lächelt und nickt.

»Fünfzig Euro das Ölgemälde!«, ruft der Mann hinter dem Tisch. »Halb geschenkt!«

Franziska bemüht sich zu erkennen, was auf dem Bild zu sehen ist.

Vor allem ist da Wald, und es scheint Abend zu sein. Sonst wäre es ja nicht so dunkel.

Über eine Schlucht führt ein Holzsteg ohne Geländer. Ein kleines, blondlockiges Mädchen in altmodischen Kleidern will den Steg überqueren. Franziska ist zwar noch nie über eine so schmale, wacklige Brücke balanciert, aber sie weiß, dass das sehr gefährlich ist. Vor allem dann, wenn der Steg über so einen Abgrund führt. Ein Ausrutscher, ein kleines Gestolper – und schon stürzt man in die Tiefe.

Aber das kleine Mädchen auf dem Bild ist nicht allein. Hinter dem Kind schwebt ein Engel, groß wie ein Erwachsener, und streckt die Arme aus, bereit, das Kind sofort aufzufangen, wenn es stürzen sollte. Ein Engel, der auf dem dunklen Bild das einzig Helle ist. Als ob er Licht ausströmt. Seine mächtigen Flügel halten ihn über dem Abgrund, ohne dass er auf festem Boden steht.

»Als ich so alt war wie du«, sagt Oma, »hatte ich auch ein Schutzengelbild über meinem Bett hängen. Fast über jedem Kinderbett hing damals so ein Bild. Entkam ich nur knapp einem bissigen Hund oder war ich fast unter ein Auto geraten, sprach meine Mutter immer davon, dass mich mein Schutzengel gut behütet habe. Sie lobte ihn und hielt mich an, mich bei ihm im Gebet zu bedanken. Was ich auch tat. Ich verließ mich auf ihn. Vor dem Einschlafen hab ich mich oft mit ihm unterhalten. Ich war mit ihm richtig auf du und du ...«

»Also, meinetwegen für fünfundvierzig«, sagt der Mann hinter dem Tisch. »Weil's ein Schutzengelbild ist.«

»Dankeschön«, sagt Oma, »aber es ist mir zu groß.« Sie zieht Franziska weiter. Mit ihren Gedanken ist Oma immer noch bei ihrem Schutzengel.

»Ja, ich hielt ihn für absolut zuverlässig«, sagt sie, »weil ich doch von meiner Mutter wusste, dass Gott meinem Schutzengel den Auftrag gegeben hatte, mich zu behüten. Außerdem lernten wir im Religionsunterricht, dass jeder gute Mensch einen Schutzengel hat, der auf ihn aufpasst.«

»Und?«, fragt Franziska, »war er wirklich zuverlässig? Hat er dich nie im Stich gelassen?« »Ach«, sagt Oma und winkt ab, »ich habe mich wohl zu sehr auf ihn verlassen. Ich war überzeugt, dass er mich vor schlechten Noten bewahrt. Vor allem in Mathe. Ich habe Mathe immer gehasst. Also gab ich mir gar keine Mühe mehr in diesem Fach. Und was geschah? Im Zeugnis bekam ich eine Vier in Mathe. Ich war richtig wütend auf meinen Schutzengel. ›Was bist du für ein Schutzengel‹,

schimpfte ich abends vor dem Einschlafen leise zu seinem Bild hinauf, ›wenn du mich nicht mal vor einer schlechten Mathenote schützen kannst!‹
Mir kam eine schlimme Idee: Ich wollte meinen Schutzengel prüfen, ob er gut im Schützen war. Deshalb stieg ich aus dem Bett und öffnete das Fenster. Ich kletterte auf das Fensterbrett. Unter dem Fenster wucherte eine Rosenhecke. Es war ein warmer Sommerabend. ›So‹, sagte ich zu meinem unsichtbaren Schutzengel, ›jetzt zeig', was du kannst.‹ Ich sprang und landete in der Rosenhecke.«

»Hast du dir was gebrochen?«, fragt Franziska erschrocken. »Zum Glück nicht«, lächelt Oma. Es waren nur drei Meter bis unten. Aber die Dornen hatten mich ganz zerkratzt. Ich brüllte wie am Spieß. Meine Eltern zogen mich aus den Rosen. – Seitdem hab ich es begriffen: Der Schutzengel ist anders gemeint.«
»Wie denn?«, fragt Franziska.
»Beobachte ihn«, meint Oma. »Dann wird dir manches klar. Zum Beispiel, warum er einen nicht vor schlechten Noten schützt. Aber ganz wirst du ihn nie verstehen. Jedenfalls ist sicher: Verlässlich in unserem Sinn ist er nicht. Er lässt sich nicht vorschreiben, wann er schützen soll. Manchmal tut er es, manchmal nicht. Nur: Ohne ihn wären wir oft verloren. Vor allem dann, wenn wir gar nicht merken, dass wir in Gefahr sind.«
Jetzt weiß Franziska, was sie ihrer Oma zum nächsten Geburtstag schenken wird: Sie wird ihr einen Schutzengel malen. Omas Schutzengel. Nicht so dunkel, damit man ihn richtig erkennt. Und sie wird einen Rahmen für das Bild kaufen, damit Oma es sich über ihr Bett hängen kann. Aber es soll klein sein, das Bild. Denn wenn es so groß wie das Ölgemälde auf dem Flohmarkt wäre, könnte es eines Tages vielleicht herunterfallen auf die schlafende Oma, ohne dass der Schutzengel es auffängt. Dann hätte Oma eine Beule am Kopf. Nein, die soll sie nicht kriegen!

Gudrun Pausewang

Schutzengel

Lernen
mich zu schützen
mitfühlend sein
ohne mich dabei zu verlieren.

Lernen
andere zu schützen
solidarisch mit Minderheiten sein
ihre Rechte kraftvoll einfordern

Lernen
die Tiere zu schützen
weil sie beseelt sind
uns zum Verweilen
in der Schöpfung zu bestärken

Lernen
im achtsamen Mitsein
die Kraft des Schutzengels
als innere Wegbegleitung zu erfahren

Pierre Stutz

Als ich mir bei einem Bühnenunfall »nur« mehrere Rippen gebrochen habe und nicht das Rückgrat, muss mir zum wiederholten Mal ein guter Schutzengel zur Seite gestanden haben.

Wolfgang Stumph

Da so ein Schutzengel (rein »gewerkschaftlich« gesehen) auch mal frei haben muss: Sei Du selbst auch ein leibhaftiger Schutz-Engel und schütze andere!

Stephanie Stumph

Als Kind im Alter von acht Jahren wurde ich von einem Auto erfasst und habe einen Bein- sowie einen Schädelbruch erlitten. Aus heutiger Sicht hatte ich einen Schutzengel, dass mir dabei nichts Schlimmeres passiert ist und ich keine Auswirkungen davongetragen habe. Für meine Töchter wünsche ich mir genau so einen Schutzengel für alle Lebenslagen.

Philipp Rösler

Engel gibt es heutzutage nicht nur zu Weihnachten in den Schaufenstern. Schutzengel aus Holz kann man das ganze Jahr über erstehen. Ich verschenke sie besonders gerne, weil jeder Mensch seinen Schutzengel braucht. Meinen bekam ich von meiner Frau: »Sieh ihn dir genau an! Der Name, der dir dabei als erstes einfällt, das ist seiner.« Seitdem beschützt mich Valentin. Und ich vertraue ihm.

Christian Wolff

Fast jeden Tag erlebe ich bewusst eine Interaktion meines Schutzengels: Wenn ich zerstreut und unachtsam über die Straße gehe, wenn ich den Fahrradweg nicht bemerke und im gleichen Augenblick ein Fahrrad auf mich zurast und wie durch ein Wunder ein Zusammenstoß nicht stattfindet. Wenn ich in einer fremden Stadt in die richtige U-Bahn einsteige, obwohl ich fast in die falsche gestiegen wäre.

Wenn ich etwas Wichtiges fallen gelassen habe und es rechtzeitig bemerke usw. Über den heiligen Josemaria erzählt man, dass er vor dem Durchschreiten einer Türe einen Augenblick verweilte, um seinem Schutzengel den Vortritt zu lassen. So ein Verhältnis zu meinem Schutzengel wünsche ich mir auch. Leider bin ich noch nicht so weit.

Fürstin Gloria von Thurn und Taxis

Ich fuhr einmal mit meinem Wagen und hielt an einer roten Ampel. Ich sah, wie ein Blinder über die Straße gehen wollte. Er verlor seinen Gehstock und suchte Halt. Ich konnte ihm nicht helfen, weil es urplötzlich grün wurde. Ich dachte: »Oh nein, was jetzt!?« Also betete ich für ihn. Auf einmal sah ich einen Mann mit einem langen grauen Mantel, der den Blinden hielt.

Ich hatte so ein tiefes Glücksgefühl, das werde ich nie in meinem Leben vergessen. Und ich bin mir einfach sicher: Das muss ein Schutzengel gewesen sein, weil es einfach niemanden zu sehen gab, bevor er wie aus dem Nichts auftauchte.

Maite Kelly

Als Kind bin ich beim Klettern über einen Zaun mit dem Hals an einem Stacheldraht hängen geblieben. Das Blut hat ziemlich gespritzt. Aber zum Glück kam ein älterer Junge vorbei, der zufällig gerade einen Erste Hilfe Kurs gemacht hatte – der konnte helfen. Ein Schutzengel für mich!

Ralph Caspers

Meine Großmutter hat gesagt, dass man sich auf den Schutzengel immer verlassen kann. Aber sie hat auch gesagt: »Du solltest ihm hin und wieder ein bisschen helfen.«

Otfried Preußler

Ich habe gleich mehrere Schutzengel, das spüre ich. Sonst wäre mein Leben nicht so positiv verlaufen. Das alles hier kann doch kein Zufall sein. Ich glaube an eine Kraft, die uns lenkt.

Franz Beckenbauer

Gott sei Dank hatte ich einen Schutzengel, das habe ich oft gesagt und werde es sicher noch oft sagen können. Ich glaube. Ich glaube aber auch, dass die Hoffnung auf diesen Beistand nach der eigenen Tat noch verlässlicher ist. Engel sei Dank habe ich noch nie gesagt, aber Ännchen sei Dank. Ännchen ist meine Frau.

Gunther Emmerlich

Ich war das Kind, das einen Schutzengel hatte. Das wusste ich schon ganz früh. Als ich nämlich ganz klein war, bin ich aus einem Fenster gefallen. 10 Meter tief! … und ich habe mir gar nicht weh getan, keinen Kratzer habe ich abbekommen. »Du hattest einen guten Schutzengel«, haben mir alle nachher erzählt. Daran habe ich geglaubt. Und ich habe ihn noch oft gespürt, meinen Schutzengel. Wenn ich mich allein fühlte oder vor etwas Angst hatte. Heute fühle ich solche Engel-Eigenschaften, wenn Menschen mir nahe sind und mir oder anderen Menschen Gutes tun.

Jordana Schmidt

Schutzengel habe ich in meinem Leben oft im unmittelbaren Umfeld erlebt. Immer dann wenn Hürden unüberwindlich erschienen, hat mir jemand aus der Lehrerschaft, Nachbarschaft oder Kirchengemeinde geholfen, ohne in irgendeiner Form dazu verpflichtet gewesen zu sein. Auf diese Weise sind mir meine Mitmenschen vielfach zu Schutzengeln geworden. Dafür bin ich dankbar. Ohne sie wäre mein Leben ganz anders verlaufen.

Bundespräsident Christian Wulff

Der Engel in der Not

Danach trieb der Geist Jesus in die Wüste. Dort blieb Jesus vierzig Tage lang und wurde vom Satan in Versuchung geführt. Er lebte bei den wilden Tieren, und die Engel dienten ihm.

Markus 1, 12-13

Als ich vor Jahren in Südafrika unterwegs war, sah ich eine Schlange beim Vorbeifahren am Straßenrand. Neugierig – wie Zoodirektoren so sind – bremste ich und fuhr zurück. Glücklicherweise hatte ich das Autofenster geschlossen, denn bei der Schlange handelte es sich um eine Speikobra, die sich von dem neugierigen Menschen angegriffen fühlte und mir zielgerichtet ihr Gift entgegen spritze. Das war für mich ein Moment, in dem ich dachte: »Da habe ich aber einen guten Schutzengel gehabt.«

Theo Pagel

Gott selbst ist der Schöpfer und Bildner der Engel.

Johannes von Damaskus

Ich hatte mich 1994 bis 1996 in Bosnien-Herzegowina (Mostar) bemüht, einen Aussöhnungsprozess zwischen Menschen zu fördern, die in einem bürgerkriegsähnlichen Konflikt schrecklich gelitten hatten. Das wurde bei denen nicht gerne gesehen, die in der Ablehnung verharren wollten. Sie versuchten, mich mit zwei Anschlägen zu beseitigen, und doch kam ich unverletzt aus dem Schlamassel heraus. Nur Schutzengel konnten dieses bewirkt haben. Meine frühere Skepsis wegen der Hilfe durch Schutzengel ist dadurch endgültig verflogen.

Hans Koschnick

An jedem 14. Dezember schicke ich ein Dankesgebet nach oben. An diesem Tag vor zehn Jahren war ich beruflich verreist und unser Aupair-Mädchen Monica war mit unseren beiden Kindern im Auto unterwegs. Es hatte geschneit, die Straße war glatt. In einem Waldstück verlor sie die Kontrolle über den Wagen, er geriet auf die Gegenspur – und prallte frontal mit einem entgegenkommenden Zwölftonner zusammen. Dass bei diesem Unfall niemand ernsthaft verletzt wurde, war wie ein Wunder. Wenn ich seither an der Unfallstelle vorbeifahre, stelle ich mir immer die Reihe der Schutzengel vor, die an diesem Tag dort gestanden haben muss.

Amelie Fried

Manchmal steigen in mir die Bilder im Traum vor den Augen wieder auf. Fast 50 Jahre ist es her, im Alter von 5 Jahren, wurde ich beim Überqueren der Straße vor unserer Haustür von einem Auto erfasst und mehrere Meter durch die Luft geschleudert. Blutdurchtränkt war das weiße Oberhemd des Mannes, der mich auf seinen Armen in unser Haus trug. Ich sehe es noch genau. »Da hast du einen guten Schutzengel gehabt«, höre ich noch heute in meinen Ohren unsere Mutter sagen. Ja, es stimmt, und im Rückblick auf die Lebensjahre gibt es so manche Situationen, die diese Wahrheit unterstreichen. Die nächsten Wochen erfuhr ich dann noch die Hilfe eines Engels mit menschlichem Gesicht. Tag für Tag versuchte eine Ordensschwester mir mit mühsamer Geduld die kleinen Schottersteine, die sich beim Sturz in Gesicht und

Körper in meine Haut eingegraben hatten, zu entfernen.
»Fürchtet euch nicht« – diese Botschaft verkünden die Engel immer wieder im Buch des Glaubens. Wer der liebenden Kraft Gottes traut, wird in seinem Leben oft Situationen entdecken, wo wir Hilfe, Ermutigung und Wegweiser erfahren. Engel als Botschafter der Liebe Gottes, oft auch mit menschlichen Zügen, wollen mir sagen: Du brauchst dich nicht zu fürchten – weder vor dem Leben noch vor dem Tod, weil Gott das Leben mit uns lebt. Denken Sie nach, wir haben genug Grund zu danken. Es gibt Momente, wo der Himmel die Erde berührt und wir Menschen den Himmel spüren.

Msgr. Georg Austen

Der Engel, der keinen Namen hatte

Der Engel hatte keinen Namen. Es gibt viele wie ihn. Unzählig viele.
Sie leben in den Wohnungen des Himmels und spielen, wenn es ihnen langweilig wird, mit den Wölfen. Manchmal dürften diese Engel auch die Erde besuchen. Einfach so, zur Abwechslung – oder weil sie einen Auftrag erhalten. Dabei war es passiert:
Der Engel, der keinen Namen hatte, stieß an ein Hin-

dernis, vielleicht an eine Antenne, die er im Dunkeln übersah, vielleicht an einen schlecht beleuchteten Baukran. Jedenfalls hörte er ein hässliches Geräusch und begann zu taumeln.

Noch nie war der Engel in Not geraten – bis zu diesem Augenblick, in dem er die Flügel verlor und aus dem Himmel fiel. Ein jäher Schmerz zuckte durch seine Schultern. Dann vergaß er alles.

Er kam erst wieder zu sich, als die erboste Stimme einer Frau an sein Ohr drang. Der Engel ohne Namen war sanft gelandet. Eine Wäschespinne hatte ihn aufgehalten. Jetzt lag er da, eingewickelt in ein großes, weißes Betttuch, das ihn nicht mehr freigeben wollte.

Vor dem Engel stand eine alte Frau. Sie schimpfte so laut, dass alle Fenster im Hinterhof aufgingen. Es regnete leicht und die Tropfen fielen einzeln auf das Gesicht des Engels, der nicht wusste, wo er war.

Er verstand nur wenig von dem Geschrei der Frau. »Was ist ein Landstreicher?«, dachte er. »Meint sie mich damit?« Ja, sie meinte ihn!

Als der Engel nicht antwortete, zerrte sie an dem Betttuch, das ihn schützend umgab. Sie zog so lange, bis er nackt vor ihr lag. Eine Weile blieb die alte Frau stumm vor Schreck.

Dann flüsterte sie: »Jesus Maria«, und schlug die Hände über dem Kopf zusammen. Irgendwo auf dem Dach gurrte eine Taube. »Jesus Maria«, stammelte die Frau noch einmal, bevor sie davonlief.

Auch die Leute im Hinterhof, die neugierig aus den Fenstern geschaut hatten, waren verschwunden. Der nackte Landstreicher, so schien es, passte zu dem trüben Wetter.

Aber beide verdarben ihnen den gerade angebrochenen Morgen. Nach kurzer Zeit kehrte die alte Frau zurück! Hinter ihr schlurfte ein dicker alter Mann, der genauso erschrocken aussah wie sie. Er trug einen Anzug und ein Hemd über dem Arm, sogar an Schuhe und Socken hatte er gedacht! Es dauerte eine Weile, bis der Engel, der keinen Namen hatte, begriff, was die Beiden von ihm wollten. Zögernd schlüpfte er in die Kleidung, die der alte Mann ihm hinhielt ...

Schließlich stand er angezogen vor den Alten. Die Sachen, die er trug, waren viel zu weit für ihn und so grau und abgenutzt wie der Himmel über den Häusern.

Irgendetwas machte dem Engel ohne Namen plötzlich Angst.

»Wer bin ich?«, fragte er sich, ging ein paar Schritte zur Probe und noch ein paar Schritte, bevor er zaghaft den Hinterhof verließ. »Wenigstens ›DANKE‹ hätte er sagen können«, murmelte der dicke Mann enttäuscht. Draußen auf der Straße empfing den Engel ein ungewohnter Lärm. Er musste an die Stille des Himmels denken und seufzte. Vergeblich versuchte er, den Autos mit den Augen zu folgen.

Davon wurde ihm so schwindelig, dass er sich an eine Hauswand lehnen musste. Eine Zeit lang blieb er unbeweglich dort stehen. War es der Regen oder weinte der Engel? ... Plötzlich fühlte er eine kleine Hand, die in seine Hand schlüpfte. »Was ist mit dir? Soll ich dir helfen?«, fragte eine helle Stimme.

Der Engel blickte in das Gesicht eines kleinen Mädchens. Prüfend schaute es ihn an. »Du hast ja eine Feder im Haar«, rief es und »Wie schön sie ist!« Das also war dem Engel geblieben von den Schwingen, die ihn durch den Himmel getragen hatten! Eine Feder, mehr nicht ...

Er senkte den Kopf und nestelte die Feder aus dem Haar.

Gold weiß und zerrupft lag sie auf seiner Hand.

»Ich schenk sie dir«, sagte er zu dem kleinen Mädchen, »Engelfedern bringen Glück!«

Ganz vorsichtig griff das Mädchen danach. »Engelfedern bringen Glück«, wiederholte es staunend. Dann wurde es mit einem Ruck fortgezogen. »Siehst du nicht, dass der Mann betrunken ist?«, schimpfte seine Mutter. Sie hatte weder Zeit für ein Wunder noch für einen Engel ... Niemand in der Stadt wollte etwas wissen von ihm, niemand drehte sich nach ihm um. Vielleicht sahen sie ihn gar nicht? Unerkannt ging er durch die Straßen: Ein Fremder unter Fremden! Es regnete noch immer und die Flügelwunden auf seinem Rücken schmerzten. Der Engel ohne Namen erinnerte sich an die Lieder, die er im Himmel gesungen hatte. Aber hier auf der Erde fielen ihm die Melodien dazu nicht mehr ein.

Schließlich ließ er sich erschöpft am Straßenrand nieder, verkroch sich in dem viel zu weiten Anzug. Wie ein Haufen Kleidung, die jemand abgelegt hatte, sah er jetzt aus.

So verstrich Stunde um Stunde. In der Stadt gingen allmählich die Lichter an. Ein Straßenkehrer, der fast schon Feierabend hatte, bog um die Ecke. Kopfschüttelnd bückte er sich nach dem Kleiderhaufen. Gerade noch rechtzeitig, bevor er ihn zum Abfall in den Karren werfen konnte, schreckte der Engel hoch.

Er wirbelte mit den Armen, als hätte er noch Flügel, und verschwand nach ein paar Flattersprüngen zwischen den parkenden Autos.
Es reichte, es war genug!
Am Ende dieses langen Tages suchte der Engel ohne Namen den Weg zurück in den Hinterhof. Langsam tastete er sich die Häuser entlang, folgte seinem Ge-

fühl. Sogar diesen Klingelknopf, den er nie zuvor gedrückt hatte, fand er auf Anhieb. Als die Tür geöffnet wurde, sagte der Engel mit heiserer Stimme: »Ich bin da.«

Die alte Frau schaute ihn an. Zum dritten Mal an diesem Tag flüsterte sie »Jesus Maria«, während ihr Mann den Gast an die Hand nahm und hineinzog.

Es war dunkel in der Wohnung. Nur hinter der Glastür in der Küche schimmerte ein geheimnisvolles, goldweißes Licht. Die beiden Alten hatten die Flügel des Engels gefunden, vielleicht im Hof. Er würde später danach fragen. Jetzt fühlte er sich so müde, unendlich müde ... Der Himmel war weit und seine Flügel, die ihm nichts mehr nützten, trockneten über der Küchenheizung. »Engelfedern bringen Glück«, dachte er. »Ich werde sie verschenken.« Dann sank er auf das weiche Sofa im Wohnzimmer und schloss die Augen. Die alte Frau und ihr Mann aber wachten über den Schlaf des Engels.

Erich Jooß

Der Engel des Glaubens

Jedem, der an den Herrn glaubt, steht ein Engel zur Seite […]. Der Engel behütet dich von allen Seiten und lässt nichts unbeschützt.

Basilius der Große

An meinen Engel

Wie deutlich hab ich dich als Kind gespürt!
Was mir vor Angst die Kehle zugeschnürt,
hast du gesungen
mit Engelszungen
und mich ganz sicher an der Hand geführt.

Du warst der Anruf und der Liebesbrief.
Du warst die Rettungsleine aus dem Tief.
In vielen Schichten
von Traumgesichten
warst du die Freundesstimme, die mich rief.

Du bist der Satz, der wieder Mut einflößt.
Du bist der Arm, der mich nicht von sich stößt,
bist Wahrheitsstreiter
und Wegbegleiter,
du bist das Messer, das die Fesseln löst.

Als Zweifel hockst du mir oft im Genick,
hängst dann als Hoffnungsstern in meinem Blick.
In der Routine,
Alltagsmaschine,
spielst du ganz gern das kleine Missgeschick.

Du warst der stille Träger meiner Last,
der kühle Schatten und der späte Gast.
Im Buch der Zeilen,
die Wunden heilen,
ich ahne, dass du sie geschrieben hast.

Mal warst du Fallstrick und mal Wanderstab,
das Wunder, das ich nicht erwartet hab.
Leg ich die Glieder
zum Sterben nieder,
wirst du die Leiter sein aus meinem Grab.

Gerhard Schöne

Flash-Button im Internet.
Die Maus ist schon drauf …

Ein Klick im Kopf:
Ein Engels-Tick

Nein

Beim grenzenlosen Surfen im Internet wird der Nutzer durch immer neue blinkende Wabbelbilder verführt, mit dem Mausanzeiger darauf zu fahren. Im Bruchteil einer Sekunde muss der User entscheiden, ob er sich in die Höllenwelt der dunklen Phantasien klickt – oder ob er lieber diszipliniert den Himmelsweg geht. Meistens gelingt es Gott, seine guten Gedanken vom Menschen – denn das sind Engel – in den Gedanken des Menschen lebendig werden zu lassen. Und dann sagt der zu aller dunklen Versuchung: Nein.

Paulus Terwitte

Da ich manchmal daneben singe oder beim Beten zerstreut bin, tröstet mich das Wissen, dass die Engel vor Gott einen ganz schönen Lobpreis singen, der auch meine Stimme mitnimmt.
Manchmal, etwa wenn ich recht müde bin, gebe ich eine Antwort, die mich selber überrascht und nicht auf meinem »Mist« gewachsen ist. Da denke ich, Gott hat mir das durch einen Engel eingegeben.

Odilo Lechner

Engel sind Sendboten Gottes, das Antlitz des unsichtbaren Gottes selbst. Schutzengel begleiten uns durch unser Leben, auf allen Wegen, in allen Gefahren, über alle Höhen und Abgründe, beim Bergsteigen, beim Skifahren, beim Schwimmen, beim Radfahren, beim Rennen – bis wir eines Tages in die Arme Gottes laufen und er uns für immer auffängt.

Notker Wolf

Der Engel des Augenblicks

Die schönste Hilfe der Engel sind die guten Einfälle, die sie uns zukommen lassen oft in den entscheidenden Augenblicken des Lebens.

Es müssen nicht Männer mit Flügeln sein

Es müssen nicht Männer mit Flügeln sein,
die Engel.
Sie gehen leise, sie müssen nicht schrein,
oft sind sie alt und hässlich und klein,
die Engel.

Sie haben kein Schwert, kein weißes Gewand,
die Engel.
Vielleicht ist einer, der gibt dir die Hand,
oder er wohnt neben dir, Wand an Wand,
der Engel.

Dem Hungernden hat er das Brot gebracht,
der Engel.
Dem Kranken hat er das Bett gemacht,
und er hört, wenn du ihn rufst, in der Nacht,
der Engel.

Er steht im Weg und er sagt: Nein,
der Engel,
groß wie ein Pfahl und hart wie ein Stein –
es müssen nicht Männer mit Flügeln sein,
die Engel.

Rudolf Otto Wiemer

Es gibt viele Engel! Ein Schutzengel hat mir bei einem furchtbaren Autounfall das Leben gerettet. Einen Glücksengel hatte ich, als es darum ging, Moderator zu werden. Und dann gibt es den Engel in jedem von uns: Er ist da, wenn wir zuhören, helfen, lieben. Wenn ich auf Probleme gestoßen bin, habe ich immer Hilfe von Menschen bekommen. Mal waren es Bekannte, mal völlig Fremde. Mal war es ein Wort und mal eine Tat. Ich glaube, Engel haben viele Gesichter, und jeder kann ein Engel sein!

Juri Tetzlaff

Der Engel der Langsamkeit

Ein Engel hat immer für dich Zeit,
das ist der Engel der Langsamkeit.
Der Hüter der Hühner, Beschützer der Schnecken,
hilft beim Verstehen und beim Entdecken,
schenkt die Geduld und die Achtsamkeit,
das Warten können, das Lang und das Breit.

Er streichelt die Katzen, bis sie schnurren,
reiht Perlen zu Ketten, ohne zu murren.
Und wenn die Leute über dich lachen
und sagen, du musst doch schneller machen,
dann lächelt der Engel der Langsamkeit
und flüstert leise: Lass dir Zeit!
Die Schnellen kommen nicht schneller ans Ziel.
Lass den doch rennen, der rennen will!

Ein Engel hat immer für dich Zeit,
das ist der Engel der Langsamkeit.
Der Hüter der Hühner, Beschützer der Schnecken,
hilft beim Verstehen und beim Entdecken,
schenkt die Geduld und die Achtsamkeit,
das Warten können, das Lang und das Breit.

Er sitzt in den Ästen von uralten Bäumen
und lehrt uns, den Wolken nachzuträumen,
erzählt vom Anbeginn der Zeit,
vom Sommer, vom Winter, von Ewigkeit.
Und sind wir müde und atemlos,
nimmt er unsren Kopf in seinen Schoß.
Er wiegt uns, er redet von Muscheln und Sand,
von Meeren, von Möwen, vom ruhenden Land.

Ein Engel hat immer für dich Zeit,
das ist der Engel der Langsamkeit.
Der Hüter der Hühner, Beschützer der Schnecken,
hilft beim Verstehen und beim Entdecken,
schenkt die Geduld und die Achtsamkeit,
das Warten können, das Lang und das Breit.

Jutta Richter

1939 AB 6 Schellen-Engel

Als »Wegbegleiter«, schon seit Jahren, hängt in meinem Arbeitszimmer der Schellenengel von Paul Klee (†1939): ein fast kindlicher Engelfreund und Mutmachengel, Glück und Freude der Schöpfung in ein paar Linien dargestellt! Der Schellenengel ist ein Engel, der mit kräftigen Schritten voranschreitet, und zugleich geht sein Blick nach hinten. Er blickt zurück und sagt: Siehst du, ich fliege nicht einfach davon, ich gehe Schritt für Schritt in deinem Leben mit. Treuer Botschafter, der einen Weg zeigt, den wir mutig weitergehen können, in unserem eigenen Tempo, mal schneller, mal langsamer! Und: Dieser Engel ist ein Engel der Heiterkeit, geradezu verspielt, mit einem Glöckchen am Gewand. Auch eine Botschaft: Religion ohne Humor ist völlig undenkbar!

Matthias Micheel

Ein jeder Augenblick gleicht einem Engel, der einem anderen die Fackel reicht.

Paul Eberhardt

Gedicht für jeden Tag im Jahr

Jeder wünscht sich jeden Morgen
irgendetwas – je nachdem.
Jeder hat seit jeher Sorgen,
jeder jeweils sein Problem.

Jeder jagt nicht jede Beute.
Jeder tut nicht jede Pflicht.
Jemand freut sich jetzt und heute.
Jemand anders freut sich nicht.

Jemand lebt von seiner Feder.
Jemand anders lebt als Dieb.
Jedenfalls hat aber jeder
jeweils irgendjemand lieb.

Jeder Garten ist nicht Eden.
Jedes Glas ist nicht voll Wein.
Jeder aber kann für jeden
jederzeit ein Engel sein.

Ja, je lieber und je länger
jeder jedem jederzeit
jedes Glück wünscht, umso enger
leben wir in Einigkeit.

James Krüss

Ein Engel der Geborgenheit

Abendgebet
Abends, wenn ich schlafen geh,
Vierzehn Engel bei mir stehn,
Zwei zu meiner Rechten,
Zwei zu meiner Linken,
Zwei zu meinen Häupten,
Zwei zu meinen Füßen,
Zwei, die mich decken,
Zwei, die mich wecken,
Zwei, die mich weisen
In das himmlische Paradeisen.

aus: Des Knaben Wunderhorn (gesammelt von Achim von Arnim und Clemens Brentano). Vertont von Engelbert Humperdinck (Hänsel und Gretel)

Wie man zum Engel wird

Wie jedes Jahr sollte auch in diesem die sechste Klasse das weihnachtliche Krippenspiel aufführen. Mitte November begann Lehrer Larssen mit den Vorbereitungen, wobei zunächst die verschiedenen Rollen mit begabten Schauspielern besetzt werden mussten.
Thomas, der für sein Alter hoch aufgeschossen war und als Ältester von vier Geschwistern häufig ein ernstes Betragen an den Tag legte, sollte den Joseph spielen. Tinchen, die lange Zöpfe hatte und veilchenblaue Augen, wurde einstimmig zur Maria gewählt, und so ging es weiter, bis alle Rollen verteilt waren, bis auf die des engherzigen Wirts, der Maria und Joseph, die beiden Obdachsuchenden, von seiner Tür verweisen sollte. Es war kein Junge mehr übrig. Die beiden Schülerinnen, die ohne Rolle ausgegangen waren, zogen es vor, sich für wichtige Arbeiten hinter der Bühne zu melden.
Nun war guter Rat teuer. Sollte man jemanden aus einer anderen Klasse bitten, und wen? Und waren nicht bisher alle sechsten Klassen ohne solche Hilfe ausgekommen?
Joseph, alias Thomas, hatte den rettenden Einfall. Sein kleiner Bruder würde durchaus in der Lage sein, diese unbedeutende Rolle zu übernehmen, für die ja nicht mehr zu lernen war als ein einziger Satz – nämlich im rechten Augenblick zu sagen, dass kein Zimmer frei sei.
Lehrer Larssen stimmt zu, dem kleinen Tim eine

Chance zu geben. Also erschien Thomas zur nächsten Probe mit Tim an der Hand, der keinerlei Furcht zeigte. Er hatte sich die Hände gewaschen und die Haare nass gebürstet und wollte den Wirt gerne spielen. Mit Wirten hatte er gute Erfahrungen gemacht, wenn die Familie in den Ferien verreiste.

Er bekam eine blaue Mütze auf den Kopf und eine Latzschürze umgebunden, was ihn als Herbergsvater kennzeichnen sollte; die Herberge selbst war, wie alle anderen Kulissen, noch nicht fertig. Tim stand also mitten auf der leeren Bühne, und es fiel ihm leicht zu sagen, nein, er habe nichts, als Joseph ihn mit Maria an der Hand nach einem Zimmer fragte.

Wenige Tage darauf legte Tim sich mit Masern ins Bett, und es war reines Glück, dass er zum Aufführungstag gerade noch rechtzeitig wieder auf die Beine kam.

In der Schule herrschten Hektik und Feststimmung, als er mit seinem großen Bruder eine Stunde vor Beginn der Weihnachtsfeier erschien. Auf der Bühne hinter dem zugezogenen Vorhang blieb er überwältigt vor der Attrappe seiner Herberge stehen: sie hatte ein vorstehendes Dach, eine aufgemalte Laterne und ein Fenster, das sich aufklappen ließ. Thomas zeigte ihm, wie er auf das Klopfzeichen von Joseph die Läden aufstoßen sollte.

Die Vorstellung begann. Joseph und Maria betraten die Bühne, wanderten schleppenden Schrittes zur Herberge und klopften an. Die Fensterläden öffneten sich, und heraus schaute Tim unter seiner großen Wirtsmütze.

»Habt Ihr ein Zimmer frei?«, fragte Joseph mit müder Stimme. »Ja, gerne«, antwortete Tim freundlich.

Schweigen breitete sich aus im Saal und erst recht auf der Bühne. Joseph versuchte vergeblich, irgendwo zwischen den Kulissen Lehrer Larssen mit einem Hilfezeichen zu entdecken. Maria blickte auf ihre Schuhe. »Ich glaube, Sie lügen«, entrang es sich schließlich Josephs Mund. Die Antwort aus der Herberge war ein unüberhörbares »Nein«.

Dass die Vorstellung dennoch weiterging, war Josephs Geistesgegenwart zu verdanken. Nach einer weiteren Schrecksekunde nahm er Maria an der Hand und wanderte ungeachtet des Angebotes weiter bis zum Stall.

Hinter der Bühne waren inzwischen alle mit dem kleinen Tim beschäftigt. Lehrer Larssen hatte ihn zunächst vor dem Zorn der anderen Schauspieler in Schutz nehmen müssen, bevor er ihn zur Rede stellte. Tim erklärte, dass Joseph eine so traurige Stimme gehabt hätte, da hätte er nicht nein sagen können, und zu hause hätten sie auch immer Platz für alle, notfalls auf der Luftmatratze.

Herr Larssen zeigte Mitgefühl und Verständnis. Dies sei doch eine Geschichte, erklärte er, und die müsse man genauso spielen, wie sie aufgeschrieben sei – oder würde Tim zum Beispiel seiner Mutter erlauben, dasselbe Märchen einmal so und dann wieder ganz anders zu erzählen, etwa mit einem lieben Wolf und einem bösen Rotkäppchen?

Nein, das wollte Tim nicht, und bei der nächsten Aufführung wollte er sich Mühe geben, ein böser Wirt zu sein; er versprach es dem Lehrer in die Hand.

Die zweite Aufführung fand im Gemeindesaal der Kirche statt und war, wenn möglich, für alle Beteiligten noch aufregender. Konnte man wissen, wer alles zuschauen würde?

Unter ärgsten Androhungen hatte Thomas seinem kleinen Bruder eingebläut, dieses Mal auf Josephs Anfrage mit einem klaren »Nein« zu antworten. Als die beiden Brüder um die Ecke des Gemeindehauses bogen, bekam Tinchen-Maria rote Flecken am Hals und flüsterte Thomas zu, eine zweite Panne würde sie nicht überleben.

Der große Saal war voll bis zum letzten Sitzplatz.

Dann ging der Vorhang auf, das heilige Paar erschien und wanderte – wie es aussah, etwas zögerlich – auf die Herberge zu.

Joseph klopfte an die Läden, aber es blieb still. Er pochte erneut, aber sie öffneten sich nicht.

Maria entrang sich ein Schluchzen.

Schließlich rief Joseph mit lauter Stimme: »Hier ist wohl kein Zimmer frei?« In die schweigende Stille, in der man eine Nadel hätte fallen hören, ertönte ein leises, aber deutliches »Doch«.

Für die dritte und letzte Aufführung des Krippenspiels in diesem Jahr wurde Tim seiner Rolle als böser Wirt enthoben. Er bekam Stoffflügel und wurde zu den Engeln im Stall versetzt. Sein »Halleluja« war unüberhörbar, und es bestand kein Zweifel. Dass er endlich am richtigen Platz war.

Ruth Schmidt-Mumm

Engel mitten unter uns

Sie setzen sich für Menschen ein,
die weniger Glück hatten.
Sie zählen die Stunden nicht,
und ihre Liebe zu den Menschen ist größer
als ihr Streben nach Geld und Besitz.
Sie reichen ihnen die Hände
und bieten ihre Freundschaft an.
Sie machen Besorgungen.
Sie kümmern sich um Arbeitsplätze.
Sie gehen in Gefängnisse.
Sie sorgen für eine warme Wohnung.
Sie streichen an und reparieren.
Sie gehen mit Einsamen spazieren.
Sie besuchen Kranke und begleiten Sterbende.
Wenn sie nicht wären, würden viele keine Hilfe
und keine Freundschaft gefunden haben.
Viele Herzen wären vor Kälte gestorben.

Es gibt noch Engel – mitten unter uns.
Sie haben keine Flügel, aber ihr Herz
ist ein sicherer Hafen für alle,
die in Not geraten sind
durch die Stürme des Lebens.

Phil Bosmans

Denk dir ein Zimmer für deinen Engel aus

Denk dir ein Zimmer für deinen Engel aus!
Es ist das Schönste im Wolkenhaus.
Aus Milliarden Tröpfchen sind die Wände gemacht,
und jedes Tröpfchen leuchtet und lacht –
wie nur die Sonne leuchten und lachen kann!
Die Perlschnüre locken die Winde an,
und bald schon beginnt ein Tönen und Klingen.
Das ganze Zimmer fängt an zu schwingen
und tanzt auf und ab im Himmelsmeer.
Der Abend treibt kühle Schauer her,
und die Vorhänge werden zugezogen.
Die Musik verklingt wie ein Regenbogen.
Für eine Weile ist Stille im Wolkenhaus.
Dein Engel malt sich die Erde aus.
Gedankenschnell kann er zu dir gehen
und sieht sich träumend am Fenster stehn.

Erhard Domay

Ich fühle mich mein Leben lang beschützt. Es sind meine Freunde im Himmel, zu denen ich meine Bitten schicke und bei denen ich mich bedanke.

Jutta Speidel

Der Engel des Vertrauens

Man ist ja von Natur kein Engel,
vielmehr ein Welt- und Menschenkind,
und ringsumher ist ein Gedrängel
von solchen, die dasselbe sind.

Wilhelm Busch

Engel haben viele Augen

Engel haben viele Augen
sie sehen dich
so wie du bist
Engel haben viele Ohren
sie hören dich
auch wenn du nicht
mit ihnen sprichst
Engel haben viele Hände
sie halten dich ganz fest
wenn du deinen Weg verlässt
Engel verirren sich nie
gib acht auf sie.

Anne Steinwart

Mein liebster Engelvers aus der Bibel stammt aus Psalm 91,11: »Denn er hat seinen Engeln befohlen, dass sie dich behüten auf all deinen Wegen.« Das hat der Bachchor in der Marktkirche in Hannover gesungen, als ich am Tag meiner Einführung als Landesbischöfin zur Kanzel ging, um die Predigt zu halten. Damals dachte ich: Was kann dir da noch passieren.

Margot Käßmann

Mein Engel

Wenn dein tiefdunkles Auge
Sich mir zu lesen gibt –
Fühl' ich mit stiller Wonne,
Dass mich ein Engel liebt.
Und jede trübe Klage
Das frohe Herz vergisst;
Es weiß, dass es nun selber –
Im Himmel heimisch ist. –

Karl Siebel

Ölbergstunden

Ölbergstunden meines Lebens:
im düstern Schein
mutlosen Zagens
habt ihr mich oft geschaut.

Weinend reif ich: nie vergebens.
Mein junges Sein
hat müd des Klagens
dem Engel »Gnade« nur vertraut.

Martin Heidegger

Der Engel mit dem Müllkorb

Als ich dieses Jahr meine Krippe und die drei Weihnachtsengel wieder einpackte, behielt ich den letzten in der Hand. »Du bleibst! Ich brauche ein bisschen Weihnachtsfreude für das ganze Jahr.«
»Da hast du aber Glück gehabt«, sagte er.
»Wieso?«, fragte ich ihn.
»Na, ich bin der einzige Engel, der reden kann.«
Stimmt! Jetzt fiel es mir auf: ein Engel, der reden kann! Da hatte ich wirklich Glück gehabt. »Wieso kannst du eigentlich reden? Das gibt es gar nicht!«
»Doch, das ist so. Nur wenn jemand nach Weihnachten einen Engel zurückbehält, nicht aus Versehen, sondern wegen der Weihnachtsfreude – wie bei dir –, können wir reden. Aber es kommt ziemlich selten vor. Übrigens: Ich heiße Heinrich.«
Seitdem steht Heinrich in meinem Wohnzimmer im Regal.
In den Händen trägt er seltsamerweise einen Müllkorb. Heinrich steht gewöhnlich still an seinem Platz, aber wenn ich mich über irgendetwas ärgere, hält er mir seinen Müllkorb hin. »Du«, sagt er dann: »Wirf das hier rein!«
Ich werfe meinen Ärger hinein – weg ist er.
Manchmal ist es nur ein kleiner Ärger, zum Beispiel, weil ich meine Brille verlegt habe oder meinen Haustürschlüssel nicht finde. Es kann aber auch ein größerer Ärger sein oder eine Not oder ein Schmerz, mit dem ich nicht fertig werde.

Eines Tages fiel mir auf, dass Heinrichs Müllkorb immer gleich leer war.
Ich fragte ihn: »Wohin bringst du das alles?«
»In die Krippe«, sagte er.
»Ist denn so viel Platz in der kleinen Krippe?«
Heinrich lachte. »Pass auf, in der Krippe liegt ein Kind, das ist noch kleiner als die Krippe. Und sein Herz ist noch viel kleiner. Deinen Kummer leg ich in Wahrheit gar nicht in die Krippe, sondern in das Herz des Kindes. Verstehst du?«
Ich dachte lange nach. »Das ist schwer zu verstehen. Und trotzdem freue ich mich. Komisch, nicht?«
Heinrich runzelte die Stirn. »Das ist gar nicht komisch, sondern das ist die Weihnachtsfreude, verstehst du?«
Auf einmal wollte ich Heinrich noch vieles fragen, aber er legte den Finger auf den Mund.
»Pssssst …«, sagte er, »nicht reden! Nur sich freuen!«

Mein erster Engel hieß Onkel Reher und verkaufte Wundertüten

Und ich war fünf und mir gehörte die Ewigkeit.
Wir wohnten damals am Aschenweg neben der Glashütte. Montags hatte meine Mutter immer große Wäsche und keine Zeit. Dann bekam ich zwanzig Pfennige in die Hand gedrückt und durfte zu ihm gehen, eine Wundertüte kaufen.
Onkel Reher gehörte nämlich die Bude an der Straßenecke, wo nachmittags die Kampftrinker standen mit ihren großen geifernden Hunden, die wütend an den Leinen zerrten und die Zähne fletschten, wenn Friedhelm Menneken mit seinem neuen Ballonreifenroller an ihnen vorbei flitzte.
Und um Gotteswillen, lass dir Zeit!, sagte meine Mutter und wischte sich die nassen Hände an der geblümten Kittelschürze ab. In der Waschküche stehst du doch nur im Weg!
Und ich ließ mir Zeit, denn Zeit war das Einzige, wovon ich genug hatte.
Die Ewigkeit war schwer zu verwalten, besonders wenn man erst fünf war. Zur einen Hälfte bestand sie aus Im-Weg-Stehen und zur anderen aus Langsamkeit. Mein Vater verstand nichts von der Ewigkeit und hatte mich deshalb lachend Klüngelliese genannt. Er hatte dabei so laut gelacht, dass sogar Friedhelm Menneken aufmerksam geworden war. Dem lauten Lachen mei-

nes Vaters und Friedhelm Mennekens Geschwindigkeit auf dem Ballonreifenroller verdankte ich meinen neuen Namen.

Klüngelliese, rief Friedhelm, Klüngelliese echoten die Hauswände und schon war er in der nächsten Straße und dann in der übernächsten und in der überübernächsten und von überall riefen sie Klüngelliese, wenn sie mich sahen.

Der Aschenweg, der mich zu Onkel Rehers Wundertüten führte, war ein sehr langsamer Weg. Er führte vorbei an der Glashütte, die gar nicht so aussah, sondern eine hässliche graue Fabrikhalle war mit einer lauten Sirene am Tor. Die Sirene heulte morgens, mittags und abends, und meine Mutter sagte: Schichtwechsel. Hinter der Glashütte säumte eine hohe Hecke den Aschenweg. Sie war so dicht, dass ich nie gesehen habe, was wirklich auf der anderen Seite lag. Die hölzerne Pforte, die hinter die Hecke führte, war oben mit Stacheldraht gesichert und immer abgeschlossen. Meine Mutter erzählte, dahinter wären die Blumengärten, aber ich konnte das nicht glauben, denn immer, wenn ich dort vorbeikam, zerschrillte eine Kreissäge den Tag, und manchmal roch es sogar nach Feuer und verbranntem Fleisch.

Ich stellte mir vor, dass der Teufel dort wohnte und dass mit jedem Schrillen ein Stück meiner Ewigkeit vom Himmel fiele. Denn woher wohl sonst kamen die grün glitzernden Scherben, die vor meinen Füßen in der Sonne funkelten?

Dort, wo die hohe Hecke aufhörte, machte der Weg eine Biegung. Da war ein tiefes Loch in der Erde, und mein Vater erklärte, das sei ein Bombentrichter. Da gab es Schutt und viele Steine, und wenn ich Glück hatte, fand ich geschmolzene Eisenstücke. Das sind Engelstrompeten, sagte meine Mutter.

Neben dem Bombentrichter blühte im Sommer ein blauer Busch: die Wohnung der Schmetterlinge. Sie saßen zu Hunderten auf den blauen Blüten, und wenn ich mich nicht rührte, konnte es geschehen, dass ein Schmetterling auf meinen Arm flog und sitzen blieb. Dann wagte ich kaum zu atmen vor Glück.

Und ich wusste, ich war fünf und mir gehörte die Ewigkeit.

Mein erster Engel hieß Onkel Reher und verkaufte Wundertüten.

Ihm gehörte die schönste Bude der Welt, mit Salinos und Nappos, mit süßen weißen Schaummäusen, mit roten Himbeerbonbons und vor allen Dingen mit Wundertüten.

Das Dumme war nur, die Bude lag im Klüngelliesengebiet.

Ich war ein Aschenwegkind und hier wohnten die Jägerzaunleute. Friedhelm Menneken mit seinem neuen Ballonreifenroller und Fenne Bruzinsky mit der Zahnlücke.

Kaum hatte ich den Aschenweg verlassen, höhnten sie Klüngelliese hinter mir her, rempelten mich an und rotzten vor mich auf den Bürgersteig. Und obwohl ich sehr mutwillig tat, fürchtete ich mich vor ihnen, denn sie waren beide einen halben Kopf größer als ich und schneller sowieso. Ich setzte Fuß vor Fuß, hielt meine zwanzig Pfennige fest umklammert in der Faust, ging mit gesenktem Kopf durch ihren Spottgesang.

Dann endlich war ich an der Bude angekommen und blickte auf.
Onkel Reher lächelte mich an und er hatte ein so freundliches Gesicht, dass ich den Klüngelliesenkummer sofort vergaß. Seine Augen funkelten wie die Ewigkeitssplitter auf dem Aschenweg. Er trug einen weißen Kittel über dem Hemd. Wenn er sich umdrehte, sah ich seinen Buckel, und ich wusste, dort waren die großen goldenen Flügel versteckt, mit denen er heimlich nachts in den Himmel flog.
Na, Mädchen, was soll's denn heute sein?, fragte er.
Eine Wundertüte! Aber mit Fühlen! antwortete ich und schob ihm die zwanzig Pfennige hin.
Das Fühlen war nämlich das Wichtigste beim Wundertütenkauf. Ich konnte mit den Fingerspitzen den langweiligen Plastik-Cowboy ertasten und die kleine Babypuppe auch. Am seltensten waren die vierecki-

gen Schachteln, in denen die besten Wunder steckten. Matrosen, die an Bindfäden hochkletterten, wenn man vorsichtig zog, oder kleine Magnethunde, die über die Tischplatte laufen konnten. Onkel Reher holte den Karton mit den Wundertüten und hielt ihn schräg. Mit Engelsgeduld ließ er mich fühlen, und wenn ich endlich glaubte, die richtige Tüte gefunden zu haben, freute er sich mit mir und wartete, bis ich sie aufgerissen hatte. Er ließ die Magnethunde über die Theke laufen und zeigte mir, wie ich den Matrosen zum Klettern brachte. Und all das tat er langsam, noch langsamer als ich.
Mein erster Engel hieß Onkel Reher und verkaufte Wundertüten.
Er war ein Engel der Langsamkeit, er kannte sich aus mit der Ewigkeit und ich war fünf und mir gehörte die Ewigkeit.

Jutta Richter

Denkst du an Engel,
so bewegen sie ihre Flügel.

Aus Israel

Wenn alle Türen geschlossen und die Fenster verdunkelt sind, darfst du nicht glauben, allein zu sein. Denn Gott ist bei dir und dein Schutzengel. Und weshalb sollten sie Licht brauchen, um zu sehen, was du tust?

Epiktet

Engel können fliegen, weil sie sich selbst nicht so schwer nehmen.

Aus Schottland

Einer, der uns sehr nüchtern nach unserem Woher und Wohin fragt und uns sehr gegen unseren Willen dahin zurückschickt, wo wir eben davonlaufen wollten, kann ein Bote Gottes, ein Engel sein.

Søren Kierkegaard

Verwundeter Engel

Fliegen können! So denken wir oft:
Fliegen, wie schön das wär!
Lieber Engel, du konntest fliegen –
Jetzt kannst du es nicht mehr.

Blumen wolltest du pflücken,
du hattest noch keine gesehen.
Zu stürmisch bist du gelandet –
Oh weh, da ist es geschehen.

Unsere Erde ist keine Wolke,
hart bist du aufgeschlagen.
Ein Glück, dass wir dich fanden.
Jetzt lass dich von uns tragen.

Wir bringen dich zu uns nach Hause.
Dort hast du es schön. Hab Mut!
Deine Flügel werden heilen,
und alles wird wieder gut.

Dann kannst du wieder fliegen,
hinauf in deine Welt.
Oder bei uns bleiben,
wenn es dir bei uns gefällt.

Josef Guggenmos

Autorenverzeichnis

Lea Ackermann: Die 1937 geborene, deutsche Ordensschwester setzt sich in besonderem Maße für Frauenrechte ein. In den 80er Jahren gründete sie in Kenia das Projekt »SOLWODI«, das bis heute gegen Ausbeutung und Misshandlung von Frauen vorgeht.

Georg Austen wurde am 3. Dezember 1958 in der Nähe von Paderborn geboren. Austen engagiert sich insbesondere für die christliche Jugend und war als Sekretär des XX. Weltjugendtages in Köln tätig. Seit 2008 ist er Generalsekretär des Bonifatiuswerkes der deutschen Katholiken e.V. und wurde im gleichen Jahr von Benedikt XVI. zum päpstlichen Ehrenkaplan ernannt.

Michael Ballack Der Fußballer wurde 1976 in Görlitz geboren und war viele Jahre der Mannschaftskapitän der deutschen Nationalmannschaft. Als Botschafter unterstützt er die Vereinten Nationen im Kampf gegen AIDS.

Marc Bator Der am 4. Dezember 1972 Geborene ist seit 2005 Sprecher der Tagesschau der ARD. Er setzt sich für die Organisation World Vision Deutschland ein und ist Pate des Kinderhospizes Bethel für sterbende Kinder.

Franz Beckenbauer Der gebürtige Münchner kam am 11. September 1945 zur Welt. Der Ex-Profifußballer ist heute Vizepräsident des Deutschen Fußballbundes (DFB). Durch die Franz-Beckenbauer-Stiftung unterstützt er behinderte und bedürftige Menschen.

Manfred Becker-Huberti Der 1945 geborene Doktor der Theologe ist Honorarprofessor an der Katholisch-Theologischen Fakultät der Philosophisch-Theologischen Hochschule Vallendar und Lehrbeauftragter an der katholischen Hochschule Köln.

Albert Biesinger Der deutsche Theologe und Autor, geboren am 1. August 1948, besetzt seit 1991 den Lehrstuhl für Religionspädagogik, Kerygmatik und Kirchliche Erwachsenenbildung an der Universität Tübingen.

Norbert Blüm Der 1935 in Rüsselsheim geborene Politiker hatte von 1982 bis 1998 das Amt des Bundesministers für Arbeit und Sozialordnung inne. Er engagiert sich in der »Kindernothilfe« und ist Autor zahlreicher Bücher.

Ben Blümel Der am 15. Mai 1981 geborene Berliner begann seine Karriere als Popsänger. Heute ist er Moderator des Kindersenders »KIKA«. Ben unterstützt »Gesicht Zeigen! Für ein weltoffenes Deutschland«, einen Verein gegen Rassismus.

Bischof Franz-Josef Bode Der heutige Bischof von Osnabrück wurde am 16. Februar 1951 in Paderborn geboren. Er war von 1996 bis 2010 Vorsitzender der Jugendkommission der Deutschen Bischofskonferenz (DBK) und seit 2010 Vorsitzender der Pastoralkommission.

Phil Bosmans Der katholische Ordenspriester kam 1922 in Belgien zur Welt. Nicht nur in seiner Heimat, auch in Deutschland ist er zum Bestseller-Autor avanciert.

Pierre Brice Der am 6. Februar 1929 im französischen Brest geborene Schauspieler ist vor allem als Darsteller der Winnetou-Figur in den Karl-May-Verfilmungen der 60er Jahre bekannt. Er zeigt als UNICEF-Botschafter sein soziales Engagement.

Ralph Caspers Der 1972 geborene Fernsehmoderator und Autor Ralph Caspers ist vor allem durch die Sendungen »Wissen macht Ah!« und »Sendung mit der Maus« bekannt. Er ist Botschafter des Deutschen Kinderhospizvereins e.V.

Erhard Domay Der am 30. April 1940 in Gießen geborene, evangelische Theologe ist Autor und Herausgeber bekannter liturgischer Bücher.

Gunther Emmerlich Der Opernsänger und Moderator beliebter Unterhaltungs- und Volksmusiksendungen kam am 18. September 1944 in Eisenberg zur Welt. Er nutzt seine Bekanntheit unter anderem für die Arbeit als Botschafter der Carreras-Leukämie-Stiftung.

Rosemarie Fendel Die deutsche Schauspielerin und Synchronsprecherin wurde am 25. April 1927 in Metternich geboren. Sie unterstützt die Stiftung Gute Tat. de, bei der sich Prominente in sozialen Einrichtungen engagieren.

Amelie Fried Die Ulmerin wurde am 6. September 1958 geboren. Neben ihrer Karriere als Fernseh-Moderatorin von bekannten Sendungen wie »3nach9« und »Stern TV« ist sie auch zur Bestseller-Autorin avanciert.

Max Frisch Der bekannte Schweizer Schriftsteller (1911-1991) konnte sich vor allem durch seine drei großen Romane »Stiller«, »Homo faber« und »Mein Name sei Gantenbein« einen breiten Leserkreis erschließen.

Katrin Göring-Eckardt Die Bundestagsabgeordnete und Vizepräsidentin des Deutschen Bundestags kam am 3. Mai 1966 im thüringischen Friedrichroda zur Welt. 2009 wurde sie Präses der 11. Synode der Evangelischen Kirche in Deutschland (EKD).

Erwin Grosche Der Soester kam am 25. November 1955 zur Welt und ist sowohl als Kabarettist, Schauspieler, Autor als auch Filmemacher aktiv. Er setzt sich für »Lesestart – Die Lese-Initiative für Deutschland« ein und hält für diese auch Lesestunden ab.

Anselm Grün Der Bestsellerautor wurde 1945 in Junkershausen geboren und ist Cellerar der Abtei Münsterschwarzach. Er hat über 300 Bücher verfasst, die eine Gesamtauflage von 15 Millionen Exemplaren erreichten, damit gehört er zu den meistgelesenen Autoren unserer Zeit.

Josef Guggenmos Der Autor kam 1922 im Allgäu zur Welt. Nicht erst seit seinem Tod 2003 gilt er, dank Büchern wie »Was denkt die Maus am Donnerstag?«, als bedeutender deutscher Kinder-Lyriker.

Rainer Hagencord Der katholische Priester und Zoologe wurde 1961 in Ahlen geboren. Zusammen mit Anton Rotzetter gründete er 2009 das Institut für Theologische Zoologie in Münster.

Martin Heidegger Der deutsche Philosoph (1889-1976) gilt durch sein erstes Hauptwerk »Sein und Zeit« als Begründer der philosophischen Fundamentalontologie.

Erich Jooß Der am 13. März 1946 in Hechingen Geborene ist Direktor des Sankt Michaelsbundes und Kinderbuchautor.

Margot Käßmann Die evangelische Theologin und Pfarrerin, geboren am 3. Juni 1958 in Marburg, war bis zu ihrem Rücktritt 2010 Landesbischöfin der evangelisch-lutherischen Landeskirche Hannover und Ratsvorsitzende der Evangelischen Kirche in Deutschland (EKD).

Maite Kelly Die am 4. Dezember 1979 geborene Berlinerin ist das zweitjüngste Kind der Kelly Family. Sie wirkte als Sängerin in der Familienband mit und startete eine Solo- und Musicalkarriere. Ihr soziales Engagement widmet sie UNICEF.

Horst Köhler Der am 22. Februar 1943 geborene Politiker war seit 2000 geschäftsführender Direktor des Internationalen Währungsfonds (IWF), bis er 2004 zum neunten Bundespräsidenten der deutschen Bundesrepublik gewählt wurde. Er hatte das Amt bis zu seinem Rücktritt 2010 inne.

Hans Koschnick Der SPD-Politiker kam am 2. April 1929 in Bremen zu Welt. Er war Bürgermeister von Bremen und Abgeordneter im Deutschen Bundestag. Er engagiert sich noch immer für die Ethik- und Friedenserziehung und das Zusammenleben von Christen und Juden.

Rolf Krenzer Der Liedtexter und Kinderbuchautor wurde am 11. August 1936 geboren. Die Arbeit des 2007 verstorbenen Musikers und Autors umfasst 250 Kinderbücher, über 2000 Liedtexte und viele Gedichte.

Hardy Krüger jr. Der Sohn des Schauspielers Hardy Krüger wurde am 9. Mai 1968 geboren und trat in die Fußstapfen seines Vaters. Er spielt die Hauptrolle in der Fernsehserie »Forsthaus Falkenau«. Als UNICEF-Botschafter setzt er sich gegen Kinder-Prostitution ein.

James Krüss Der deutsche Dichter und Schriftsteller (1926-1997) ist einer der beliebtesten Kinderbuchautoren. Sein Werk umfasst vor allem Gedichte, Hörspiele und Romane wie Timm Thaler.

Hanna-Renate Laurien Die CDU-Politikerin (1928 bis 2010) bekleidete von 1991 bis 1995 das Amt der Präsidentin des Abgeordnetenhauses von Berlin. 1967 bis 2000 war sie Mitglied des Hauptausschusses im Zentralkomitee der deutschen Katholiken (ZdK).

Odilo Lechner Der 1931 in München geborene Benediktinermönch ist als beliebter Autor aktiv. Von 1964 bis 2003 oblag ihm die Leitung der beiden traditionsreichen Klöster Sankt Bonifaz in München und Andechs.

Karl Kardinal Lehmann wurde am 16. Mai 1936 in Sigmaringen geboren. Seit 1983 ist er Bischof von Mainz. Der langjährige Vorsitzende der Deutschen Bischofskonferenz wurde 2001 von Papst Johannes Paul II. zum Kardinal ernannt.

Paul Maar Der Bestseller-Autor, Illustrator und Übersetzer wurde am 13. Dezember 1937 in Schweinfurt geboren. Bekannt ist er vor allem als Autor der Kinderbücher über das Sams.

Armin Maiwald Der Autor, Regisseur und Produzent wurde am 23. Januar 1940 in Köln geboren. Bekannt wurde er als Erfinder der seit 1971 ausgestrahlten »Sendung mit der Maus«.

Matthias Micheel Der Theologe und Sozialarbeiter wurde am 17. April 1967 in Paderborn geboren. Seit 2000 ist er Leiter der Diaspora-Kinder- und Jugendhilfe im Bonifatiuswerk der deutschen Katholiken.

Theo Pagel Der 1961 in Duisburg Geborene studierte Biologie, Geographie und Pädagogik. Seit 2006 ist er Direktor des Kölner Zoos und unterstützt als solcher aktiv den Natur- und Artenschutz.

Gudrun Pausewang Die deutsche Schriftstellerin wurde 1928 geboren. Erfolg feierte sie vor allem durch ihre Kinder- und Jugend-Bücher, die sich auch mit schwierigen Themen wie Atompolitik auseinandersetzen.

Otfried Preußler Der erfolgreiche Kinderbuchautor zeichnet sich für moderne Klassiker wie »Krabat« und »Der Räuber Hotzenplotz« verantwortlich. Er wurde 1923 in Reichenberg geboren und arbeitet noch heute als freier Redakteur und Autor.

Jutta Richter Die beliebte Autorin wurde 1955 in Burgsteinfurt geboren und veröffentlicht Kinder- und Jugendromane. Für ihre Werke hat sie viele Preise erhalten, u. a. den Kinder- und Jugend-Literaturpreis.

Philipp Rösler Der Bundesparteivorsitzende der FDP wurde 1973 in Sóc Tr ng (Südvietnam) geboren. Er ist deutscher Vizekanzler, Bundesminister für Wirtschaft und Technologie und seit 2008 auch Mitglied der Vollversammlung des Zentralkomitees der deutschen Katholiken.

Jordana Schmidt Sie gehört der Ordensgemeinschaft der Dominikanerinnen von Bethanien an. Die 1969 Geborene war von 2006 bis 2010 Sprecherin für das »Wort zum Sonntag« in der ARD.

Ruth Schmidt-Mumm Die Magdeburgerin wurde 1932 geboren und verbrachte ihre Kindheit in Spanien und Portugal. Nachdem sie z. B. für ein Entwicklungshilfeunternehmen arbeitete, feiert sie heute vor allem als Autorin von Erzählungen Erfolge.

Andrea Schwarz Die 1955 Geborene ist nach vielen Jahren in der Gemeindearbeit heute eine gefragte Referentin und Trainerin und gehört zu den meistgelesenen christlichen Schriftstellerinnen unserer Zeit.

Jutta Speidel Die beliebte Münchner Schauspielerin übernahm schon mit 15 Jahren ihre erste Rolle in der Serie »Die Lümmel von der ersten Bank.« Bis heute arbeitet sie vor allem für Fernsehen und Theater. 1997 gründete sie für obdachlose Kinder und deren Mütter die Initiative Horizont e.V.

Anne Steinwart Die 1945 geborene Autorin verfasst vor allem Lyrik. Ihr erster Gedichtband »Wer hat schon Flügel« entstand als Sammlung von Gedichten, die vor allem in der Zeitschrift »Brigitte« erschienen.

Stephanie Stumph Die Tochter des Schauspielers Wolfgang Stumph trat schon als Kind an der Seite ihres Vaters in der Krimireihe »Stubbe – Von Fall zu Fall« auf und ist neben dem Fernsehen auch für das Theater tätig. Sie unterstützt das Projekt SOS Kinderdorf.

Wolfgang Stumph Der deutsche Schauspieler und Kabarettist kam am 31. Januar 1946 in Radków zur Welt. Großen Erfolg hat er in der Rolle des Kommissar Stubbe in der gleichnamigen Krimi-Reihe. Stumph ist ehrenamtlicher UNICEF-Botschafter.

Pierre Stutz Der 1953 geborene Schweizer Theologe wurde 1985 zum Priester geweiht. Er war für die Jugendseelsorge aktiv und ist noch immer erfolgreicher Autor zahlreicher spiritueller Ratgeber.

Paulus Terwitte Der Priester des Kapuzinerordens wurde 1959 in Stadtlohn geboren. Er ist ein gefragter Ansprechpartner für Funk und Fernsehen und seit 2004 auch erfolgreicher Autor. Seit 2011 ist er in der Sendung »So gesehen - Talk am Sonntag« jeden zweiten Sonntag auf SAT.1 zu sehen.

Juri Tetzlaff Der 1972 geborene Karlsruher gehört seit einigen Jahren zum festen Moderatorenteam des Kinderkanals. Seit 1999 ist er UNICEF-Sonderbotschafter.

Fürstin Gloria von Thurn und Taxis Die Fürstin wurde am 23. Juli 1960 in Stuttgart-Degerloch geboren. Nach dem Tod ihres Mannes übernahm sie die Gesamtleitung des Familienunternehmens. In den Medien tritt die engagierte Fürstin als Verfechterin der Katholischen Kirche auf. Sie engagiert sich durch die Bayerische Stiftung Hospiz für eine würdige Sterbebegleitung im christlichen Sinn.

Klaus Töpfer Der aus Schlesien stammende CDU-Politiker, geboren am 29. Juli 1938, war ehemaliger Exekutivdirektor des Umweltprogramms der Vereinten Nationen. 2011 hat er den Vorsitz der Ethikkommission für eine sichere Energieversorgung der Bundesregierung übernommen.

Rudolf Otto Wiemer Der in Friedrichroda Geborene (1905-1998) ist nicht nur Lyriker, sondern auch Pädagoge und Puppenspieler. Sein Werk umfasst Romane, Erzählungen, Lyrik, Kinderbücher und Puppenspiele. Viele seine Werke sind christlich geprägt.

Notker Wolf Der 1940 im Allgäu geborene Bestseller-Autor trat 1961 in die Missionsbenediktinerabtei St. Ottilien ein. Seit 2000 ist er Abtprimas der Benediktinischen Konföderation mit Sitz in Rom.

Christian Wolff Der 1938 geborene Berliner ist vor allem für seine Rolle in der Serie »Forsthaus Falkenau« bekannt. Er unterstützt die Deutsche Herzstiftung.

Bundespräsident Christian Wulff Der zehnte Bundespräsident der Bundesrepublik wurde am 19. Juni 1959 in Osnabrück geboren. Vorher war er Vorsitzender der niedersächsischen CDU und von 2003 bis 2010 bekleidete er auch das Amt des Ministerpräsidenten des Landes Niedersachsen.

Quellenverzeichnis

Texte

S. 6: „Der Schutzengel", aus: Max Frisch, Tagebuch 1946-1949. © Suhrkamp Verlag Frankfurt am Main 1950.

S. 18/19: Rainer Hagencord, Ein Schutzengel © alle Rechte beim Autor.

S. 21-25: Anselm Grün, Der Schutzengel © alle Rechte beim Autor.

S. 27-31: Albert Biesinger, Da habe ich aber einen guten Schutzengel gehabt © alle Rechte beim Autor.

S. 32-36: Manfred Becker-Huberti, Vom rettenden Engel, Engelssturz und Engelland © alle Rechte beim Autor.

S. 41-45: Gudrun Pausewang, Omas Schutzengel © alle Rechte bei der Autorin.

S. 47: Pierre Stutz, Schutzengel © alle Rechte beim Autor.

S. 59-64: Erich Jooß, Der Engel, der keinen Namen hatte © alle Rechte beim Autor.

S. 66/67: Gerhard Schöne, An meinen Engel, aus: CD Die sieben Gaben © Gerhard Schöne/ BuschFunk Musikverlag Berlin.

S. 72: Rudolf Otto Wiemer, Es müssen nicht immer Männer mit Flügeln sein, aus: Ders., Der Augenblick ist noch nicht vorüber, Kreuz Verlag, Stuttgart 2001, © Rudolf Otto Wiemer Erben, Hildesheim.

S. 75: Jutta Richter, Der Engel der Langsamkeit, aus: An einem großen stillen See © Carl Hanser Verlag München 2003.

S. 78: James Krüss, Gedicht für jeden Tag im Jahr, aus: In Tante Julies Haus. Boje Verlag in der Bastei Lübbe GmbH & Co. KG © 2008 Bastei Lübbe GmbH & Co. KG, Köln.

S. 80-84: Ruth Schmidt-Mumm, Wie man zum Engel wird © alle Rechte bei der Autorin.

S. 85: Phil Bosmans, „Engel", aus: Ders., Ich hab dich gern © Verlag Herder GmbH, Freiburg im Breisgau, 2003, S. 74.

S. 86: Erhard Domay, Denk die ein Zimmer für deinen Engel aus, aus: Ders., Mein Engel hat immer Zeit für mich © Verlag Ernst Kaufmann, Lahr.

S. 90: Anne Steinwart, Engel haben viele Augen © alle Rechte bei der Autorin.

S. 92: Martin Heidegger: „Ölbergstunden". in: Martin Heidegger: Denkerfahrungen 1910-1976. © Vittorio Klostermann, Frankfurt am Main 1983. S. 6.

S. 96-100: Jutta Richter, Mein erster Engel hieß Onkel Reher und verkaufte Wundertüten © alle Rechte bei der Autorin.

S. 102: Josef Guggenmos, Verwundeter Engel, aus: Ders., Groß ist die Welt. Die schönsten Gedichte © 2006 Beltz & Gelberg in der Verlagsgruppe Beltz.

Fotos

S. 14 © picture alliance/dpa
S. 16 © Thomas Claaßen
S. 20 © Bistum Mainz
S. 24 © KNA-Bild, Bonn
S. 29 © Mayovskyy Andrew/Shutterstock.de
S. 32 © Tatiana Grozetskaya/Shutterstock.de
S. 37 © javarman/Fotolia.de
S. 40 © Kathrin Göring-Eckardt
S. 44 © Renate Flormann/Fotolia.de
S. 46 © Stacy Barnett/Fotolia.de
S. 48 © picture alliance/dpa
S. 49 © by Ralf Orlowski
S. 54 © Presse- und Informationsamt der Bundesregierung
S. 63 © sylvaine thomas/Fotolia.de
S. 73 © velora/Fotolia.de
S. 76 Paul Klee, Schellen-Engel, 1939, 966, Bleistift auf Papier auf Karton,
    29,5 × 21 cm, © Zentrum Paul Klee, Bern
S. 81 © Andre Bonn/Fotolia.de
S. 87 © Barbara Helgason/Fotolia.de
S. 91 © picture alliance/dpa
S. 93 © GIS/Fotolia.de
S. 95 © Marco Klaue/Fotolia.de
S. 99 © majoka/Fotolia.de
S. 103 © Sergey Vasilyev/Fotolia.de

Vignetten: © Vitali Khamitsevich/Fotolia.de

Wir danken allen Inhabern von Text- und Bildrechten für die Abdruckerlaubnis. Der Verlag hat sich bemüht, alle Rechteinhaber in Erfahrung zu bringen. Für zusätzliche Hinweise sind wir dankbar.

Ein Engel für dich –
125 Jahre Diaspora-Kinderhilfe

Die Diaspora-Kinder- und Jugendhilfe ist ein zentraler Bestandteil des Bonifatiuswerkes der deutschen Katholiken. Gegründet wurde sie vor über 125 Jahren von Paderborner Kaufleuten und ist seitdem ein »Engel für Kinder und Jugendliche«. Wir födern mit jährlich über 3 Mio. EUR, was zur Bildung christlicher Gemeinschaft und zur Vermittlung der christlichen Botschaft an die neue Generation notwendig ist:

- ✓ katholische Kinderheime, familienanaloge Wohngruppen
- ✓ sowie andere religiöse und diakonische Elementarerziehung in den katholischen Tageseinrichtungen in der Diaspora,
- ✓ Sakramentenkatechese, sowie anderer religiöser und diakonischer Bildungsmaßnahmen,
- ✓ Religiösen Kinderwochen (RKW),
- ✓ das Kinderhaus Sonnenblume bei Berlin (Hilfen für ausgesetzte Säuglinge bzw. Mütter mit Kleinkindern in Notsituationen),
- ✓ internationale religiöse Jugendbegegnungen,
- ✓ kirchliche Initiativen gegen Jugendarbeitslosigkeit, Gewalt und Missbrauch,
- ✓ Straßenkinderprojekte in Nord- und Ostdeutschland, Lettland und Nordeuropa,
- ✓ ambulante Kinderhospizdienste in Halle/Saale und Berlin,

- ✓ Seelsorge an schwerstkranken Kindern,
- ✓ die Jugendseelsorge in der JA Raßnitz,
- ✓ katholische Jugendbands uvm.

Wenn Sie mehr über unsere Projekte erfahren möchten, wenden Sie sich bitte jederzeit und gerne an:

Bonifatiuswerk der deutschen Katholiken
Missionarische und diakonische Pastoral /
Diaspora-Kinder- und -Jugendhilfe
Kamp 22, 33098 Paderborn
Telefon: (05251) 29 96-50/51
(Herr Micheel/Frau Brodersen-Schäfers/
Frau Backhaus)
Telefax: (05251) 29 96-88
E-Mail: kinderhilfe@bonifatiuswerk.de
Internet: www.bonifatiuswerk.de